Cahier de travail et de laboratoire pour accompagner

En Bonne Forme

Fourth Edition

Simone Renaud Dietiker
San José State University

D. C. HEATH AND COMPANY
Lexington, Massachusetts   Toronto

Cover Design: Miriam Recio

Published simultaneously in Canada.

Printed in the United States of America.

International Standard Book Number: 0-669-12016-2

10 9 8 7 6 5 4 3

To the Student

This lab manual and workbook reinforces and expands upon the knowledge you have acquired in each chapter of *En Bonne Forme*; it also reviews the rules of French pronunciation which you learned during your first-year course. It will help you to become more fluent and more confident by providing opportunities for hearing, speaking, and writing the French language. Be sure to complete the chapter in *En Bonne Forme* before you start work on the corresponding chapter in the *Cahier*.

Oral Drills

The first part in each of these chapters — *Première partie* — is strictly oral and is done in the lab without the *Cahier*. It is designed to help you achieve an automatic control of your new language so that speaking will become effortless — and pleasurable. The first two sections consist of factual questions and true-false statements which are based on the reading selections in *En Bonne Forme*. Reread the *Texte* and be very sure of its contents and vocabulary before you go to the lab. Your success in doing the questions and true-false exercises will depend upon how well you know the *Texte*. Both sections test your comprehension of the reading selection as well as your ability to understand French spoken at normal speed.

Pattern drills — *Transformations* — and translation exercises — *Traductions* — are the other activities in the *Première partie*. The *Transformations* provide oral practice of certain important grammatical points which have been presented in *En Bonne Forme*; these exercises test, for example, your ability to respond quickly,

transforming verbs from the present into the *passé composé* or changing noun objects to pronoun objects. The *Traductions* (from English to French) focus on idiomatic expressions, sentences frequently heard in conversation, and some structures appearing in the *Formules à retenir* in *En Bonne Forme*. Again, you are required to respond quickly. If you are able to translate the material automatically, you will have no difficulty using it in conversation.

Oral-Written Drills

The second part in each chapter — *Deuxième partie* — is done with cassettes and the *Cahier*. The main purpose of the *Deuxième partie* is to increase your ability to identify and master sounds. The varous drills* in the *Prononciation* section will help you to pronounce correctly what you see and to spell correctly what you have learned to pronounce. Before you go to the lab, read and understand the rules which appear above each group of words. These rules are not repeated verbatim on the tape; only a short summary is given before the words are pronounced.

The sound discrimination drill — *Dictée de sons* — requires you to circle one of three words upon an oral cue from the tape. This exercise reviews and contrasts some of the sounds you have just practiced in the *Prononciation*.

*Parts of the phonetics lessons have been borrowed from the *Manuel de prononciation* by Simone R. Dietiker and Hervé Le Mansec. (1972).

A poem or a dictée completes the Deuxième partie. You may wish to learn the vocabulary of the poems before listening to them so that you will understand each sentence as you repeat it after the speaker. The *Dictée,* which appears in every other chapter, will enable you to see how well you have assimilated the material in all language areas — word recognition, agreements, spelling, and so on.

Written Drills

The third part in each chapter — *Troisième partie* — is comprised of written exercises, some of them similar to the ones in *En Bonne Forme,* many quite different, like the vocabulary exercises. All review or recombine in new ways certain grammatical points and vocabulary which you have studied in class. When completing the fill-in exercises which appear in a story or dialogue, think in French.

Some exercises consist of an illustration followed by suggested vocabulary. Each illustration depicts a situation, and you are asked to write a short theme about it. Be sure to study both the illustration and the vocabulary before you begin to write. You may want to use more than one of the suggested words in the same sentence; you may want to repeat the suggested words in more than one sentence — try to use *all* of them. You will of course need to supply additional words in order to create interesting compositions. Vary your sentences, use dialogue with narrative — above all, use your imagination!

Maintenant au travail! Bonne chance!

Table des matières

Alphabet phonétique

voyelles

[i]	**il**, l**i**vre, st**y**lo
[e]	b**é**b**é**, all**er**, papi**er**, l**es**, all**ez**
[ɛ]	fen**ê**tre, p**è**re, l**ai**t, hôt**e**l
[a]	m**a**d**a**me, p**a**tte
[ɑ]	p**â**te, cl**a**sse
[ɔ]	p**o**rte, h**o**mme, d**o**nne
[o]	p**o**t, **eau**, p**au**vre
[u]	**ou**, v**ou**s
[y]	d**u**, t**u** **u**ne
[ø]	d**eu**x, m**o**nsieur
[œ]	prof**e**ss**eu**r, fl**eu**r
[ə]	l**e**, d**e**, m**o**nsieur
[ɛ̃]	v**in**, m**ain**, b**ien**
[ã]	Fr**an**ce, cont**en**t
[ɔ̃]	m**on**, n**on**, **on**cle
[œ̃]	**un**, l**un**di

semivoyelles

[j]	pap**i**er, cra**y**on, f**ill**e
[w]	**ou**i, s**oi**r
[ɥ]	h**u**it, n**u**it

consonnes

[p]	**p**orte, sou**p**e
[t]	**t**able, **th**é
[k]	**c**omment, **qu**atre, **c**oin
[b]	**b**onjour, **b**onne
[d]	**d**u, **d**e
[g]	**g**arçon, ba**gu**e
[f]	**f**emme, **ph**oto
[s]	**s**a, cla**ss**e, **ç**a, na**t**ion, **c**e
[ʃ]	**ch**ambre, **ch**ez
[v]	**v**oir, **v**enir, **w**agon
[z]	**z**éro, chai**s**e, deu**x**ième
[ʒ]	**G**eorges, **g**ym, **j**eune
[l]	**l**a, al**l**er, **l**ivre
[ʀ]	**r**ouler, **r**oue, viv**r**e
[m]	**m**anger, **m**a**m**an
[n]	**n**ous, to**nn**e
[ɲ]	ma**gn**ifique, vi**gn**e
[ŋ]	camp**ing**

Test

A. Write the appropriate definite article (**le, la, l'**) before each noun.

1. .... conversation   4. .... oiseau

2. .... université   5. .... gouvernement

3. .... liberté   6. .... addition

B. Write the appropriate indefinite article (**un, une, des**) before each noun.

1. .... position   4. .... noms

2. .... événement   5. .... château

3. .... opérations   6. .... conjonction

C. Insert the adjective in parentheses in the appropriate place in these sentences. Be careful of matters of agreement.

1. (*important*) C'est une difficulté. ....

2. (*bon*) Voilà un professeur. ....

3. (*élégant*) Vous avez une robe. ....

4. (*intelligent*) Ils ont des filles. ....

D. Insert the correct possessive adjective into each sentence.

1. (*my*) C'est le livre. ....

2. (*your:* polite form) Voilà l'autobus. ....

3. (*her*) C'est le professeur. ....

4. (*his*) La mère est malade. ....

5. (*their*) Ils ont des habitudes. ....

6. (*our*) Nous avons le livre. ....

E. Repeat the following sentences, replacing the noun in italics with a personal pronoun.

1. *Les étudiants* sont intelligents. ....

2. *Ma mère et moi* allons en ville. ....

3. *Georges et toi* êtes fiancés? ....

4. Je regarde *la télé*. ....

5. J'aime *la musique de jazz?* ....

6. Je parle *à Pauline?* ....

7. Tu écris *à tes parents?* ....

8. Elle se promène avec *sa sœur.* ....

F. Supply the appropriate relative pronoun (**qui** or **que**) in the following sentences.

    1. J'ai un chien .... s'appelle Daniel.

    2. Nous aimons ce chien .... nous avons trouvé.

    3. Je déteste les personnes .... fument au restaurant.

    4. Le restaurant .... je préfère n'est pas le plus cher.

G. Write the correct form of these verbs in the present tense.

    1. (**être**):   Nous .... dans la classe.

                    Tu .... fatigué?

                    Ils .... malades.

    2. (**avoir**)   Elle .... une auto rouge.

                    J' .... le temps.

                    Vous .... vos papiers.

    3. (**aller**)   Je .... en ville.

                    Il .... à l'université.

                    Vous .... en France.

    4. (**parler**)   Tu .... français.

                    Elle .... italien.

                    Nous .... russe.

                    Ils .... japonais.

H. Repeat the following sentence in the negative.

    1. Les étudiants sont dans la classe.

    ....

I. Transform the following statement into a question in two different ways.

    1. Cette leçon est difficile.

    ....

    ....

J. Identify each of the italic words in the following sentences by circling one of the grammatical terms in the right column.

1. *Allons* au cinéma ce soir.	Impératif Indicatif Verbe pronominal
2. Il veut que *j'aille* à son mariage.	Indicatif Subjonctif Conditionnel
3. Nous *la* comprenons.	Article Pronom personnel Pronom démonstratif
4. Je dîne *avant* le spectacle.	Conjonction Adverbe Préposition
5. *Qui* vous a dit cela?	Pronom interrogatif Pronom relatif Pronom indéfini
6. *Mon* mari aime le champagne.	Article Adjectif possessif Adjectif démonstratif

The Answer Key for this test appears on p. 151.

Première partie: exercices oraux

Faites ces exercices au laboratoire, sans cahier. Ecoutez le speaker, répondez aux questions, faites les transformations et les traductions.

Deuxième partie: exercices oraux / écrits

Faites le travail de cette partie au laboratoire, avec votre cahier.

I.   Prononciation.

1. Révision du / R /.   Essayez de prononcer un **h** très fort, en laissant le dos de la langue frotter contre le palais.[1] La pointe de la langue reste derrière les dents du bas.

   Répétez chaque mot après le speaker.

merci	marque
cirque	Franck
turc	Laurent
porte	quartier

2. Le son / R / final est très faible.   Souvent on peut le laisser tomber.

bonjour	ascenseur
mur	trottoir
tour	affaire
soir	voleur

3. Les orthographes: **-ille, -il.**   Remarquez la prononciation différente de ces groupes dans les mots suivants

-ille / ij /:	fille	vanille	famille
-ille / il /:	mille	ville	tranquille
-euille, -euil / œj /:	feuille	fauteuil	
-eille, eil / ɛj /:	corbeille	soleil	
-ail, -aille / aj /:	ail	mitrailleuse	
-il / i /:	fusil	persil	

4. L'orthographe **-ion**   / jõ /

   direction   action

---

[1] letting the back of the tongue rub against the palate

5. Mots difficiles.

chariot métallique
corbeille-filet
un ananas
cambrioleur
meilleur
bouteille de Pschitt-Orange

yaourt
je me tortille
les gars
met le verrou
les rafales de mitrailleuse

II. L'intonation de la phrase impérative. Une phrase impérative suit le schéma suivant.

Prends➤
    du beurre➤
        à la crémerie.➤

Répétez les phrases suivantes. Imitez le speaker.

1. Allez. Vas-y. Dépêche-toi.

2. Va chercher des yaourts.

3. Courons jusqu'au bout de la rue.

4. N'oubliez pas d'acheter du sucre.

III. Dictée de sons. Le speaker prononce un mot. Vous choisissez et vous encerclez (*circle*) le mot que vous entendez. Le speaker vous donne la réponse.

MODÈLE: (1) boule   (2) balle   (3) bol   *balle* (2)

(1)	(2)	(3)
1. feuille	fille	faille
2. longtemps	l'automne	l'auto
3. le pain	la peine	la panne
4. paye	paille	pays
5. vieille	vielle	veille

IV. Dictée. Le speaker lit la dictée deux fois. La première fois vous écoutez. La deuxième fois, écrivez!

....
....
....
....
....
....
....
....
....
....
....

....

....

....

....

....

....

Troisième partie: exercices écrits

I. Révision des verbes. Donnez le présent des verbes suivants, à la personne indiquée.

1. je (s'en aller) ....
2. nous (voyager) ....
3. vous (croire) ....
4. ils (vivre) ....
5. tu (dormir) ....
6. vous (dire) ....
7. elle (ouvrir) ....
8. nous (boire) ....
9. vous (faire) ....
10. elle (partir) ....
11. il (essayer) ....
12. vous (réussir) ....
13. nous (comprendre) ....
14. nous (répondre) ....
15. tu (suivre) ....
16. elles (mourir) ....
17. je (pouvoir) ....
18. il (vouloir) ....
19. elles (finir) ....
20. vous (venir) ....

II. Mettez les verbes suivants à l'impératif positif ou négatif.

1. Boire (vous) .... un verre.
2. Etre (nous) .... amis.
3. Réfléchir (vous) .... avant de parler.
4. Appeler (tu-négatif) .... la police.
5. Jeter (vous-négatif) .... les papiers par terre.
6. Sortir (nous) .... ce soir.
7. Mettre (tu) .... ton chapeau.
8. Rire (vous-négatif) .... quand je parle.
9. Savoir (vous) .... que je suis honnête.
10. Prendre (tu) .... le train.

III. Un hold up. Vous êtes dans une banque. Un gangster arrive pour voler la banque. Que faites-vous?

MODÈLE: s'évanouir (*to faint*) ***je m'évanouis.***

1. tomber par terre ....
2. faire le mort (la morte) ....

3. courir dehors ....

4. appeler la police ....

5. attaquer le gangster avec votre parapluie..

6. crier ....

7. pleurer ....

8. aller à la fenêtre...

9. grimper sur une table ....

10. s'approcher du gangster ....

11. lui parler...

IV. Une jeune fille difficile (*hard to please*).   Une jeune fille difficile va acheter un pantalon. Que fait-elle?

MODÈLE: entrer dans le magasin
*Elle **entre** dans le magasin.*

1. essayer vingt pantalons ....

2. critiquer tout ....

3. vérifier les coutures...

4. remarquer les plis...

5. ne pas aimer les poches..

6. se décider (négatif)...

7. remplir un chèque ....

V. Les commissions.   Votre mère vous envoie faire les commissions. Qu'est-ce qu'elle vous dit?

MODÈLE: Elle vous dit de (prendre du beurre).
***Prends** du beurre!*

1. rapporter des spaghettis..

2. choisir de la viande sous cellophane ....

3. ne pas oublier le sucre ....

4. acheter des yaourts...

5. emporter un filet...

6. vous dépêcher..

7. ne pas traîner dans les allées ....

8. ne pas courir..

9. vérifier les prix...

10. ne pas lire les journaux de mode...

11. rendre les bouteilles vides...

4

VI. Vocabulaire. Dans les phrases suivantes, mettez le mot qui convient dans l'espace vide. Choisissez un mot de cette liste.

se casser	les bonbons	l'ascenseur
meilleur	le chariot	le beurre
l'étiquette	serrés	les soldes
embêtant	crier	le frigo
chuchoter	le fauteuil	faire les commissions
faire la vaisselle	oublier	la caissière

1. Ils vont au marché parce que .... est vide.

2. Le prix du jean est indiqué sur ....

3. La caissière parle doucement: elle ....

4. On remplit .... de tous les produits qu'on achète.

5. Les gars des groupes pop portent des jeans très ....

6. C'est .... de se trouver à la caisse quand on n'a pas d'argent

   pour payer.

7. Je .... avec un liquide miraculeux.

8. Nous montons au quatrième par ....

9. J'aime aller dans les magasins quand il y a ....; on peut trouver

   des choses

   à un prix .... intéressant.

10. Franck est fatigué; il s'écroule dans ....

Nom: ....

Date: ....

Première partie: exercices oraux

Faites ces exercices au laboratoire, sans cahier. Ecoutez le speaker, répondez aux questions, faites les transformations et les traductions.

Deuxième partie: exercices oraux / écrits

Faites le travail de cette partie au laboratoire, avec votre cahier.

I. Prononciation.

1. Le son / i / est plus serré (*tighter*) en français qu'en anglais.

a mis	la pluie
parti	le fruit
s'est assis	

2. Le son / e / est très proche du / i /. Ce son est écrit en finale: **-é, -ée, -és, -ées, -ed, -er, -ez.**

café	regardez
tourné	pleuré
parler	cendrier
fumée	marché

3. Le son / ε / s'écrit **ai, ei, è**, ou **e** avec une consonne prononcée.

lait	chaise
cuiller	lettre
cigarette	rivière
tête	ouverte
chaînes	se jette

4. Contrastez:

/ i /	/ e /	/ ε /
fit	fée	faire
dit	dé	d'elle
pie	pé	peine
mi	mes	mère
ti	tes	terre
ni	né	naître
ri	ré	reine

5. Contrastez:

il a pleuré	il a plu
des chiens	des chaînes
la route	la rue
des ronds	des rangs
sous la table	sur la table
il se jette	il s'est jeté

II. Dictée de sons. Le speaker prononce un mot. Vous choisissez et vous encerclez (*circle*) le mot que vous entendez. Le speaker vous donne la réponse.

	(1)	(2)	(3)
1.	vu	vous	va
2.	pleut	plus	pluie
3.	chien	chienne	chaîne
4.	se laver	s'est levé	s'est lavé
5.	elle a eu	elle a un	et là-haut

III. Poème. Le speaker lit le poème. Ecoutez le poème, lu en entier, puis répétez après chaque pause.

Tristesse

J'ai perdu ma force et ma vie,
Et mes amis et ma gaieté;
J'ai perdu jusqu'à la fierté
Qui faisait croire à mon génie.

Quand j'ai connnu la Vérité,
J'ai cru que c'était une amie;
Quand je l'ai comprise et sentie,
J'en étais déjà dégoûté.

Et pourtant elle est éternelle,
Et ceux qui se sont passés d'elle
Ici-bas ont tout ignoré.

Dieu parle, il faut qu'on lui réponde.
Le seul bien qui me reste au monde
Est d'avoir quelquefois pleuré

Alfred de Musset

la force strength   **la vie** life   **jusqu'à** everything including   **la fierté** pride
faire croire to make others believe   **la Vérité** Truth   **en** by it   **dégoûté** disgusted
pourtant yet   **se passer de** to do without   **Ici-bas** On this earth   **quelquefois** sometimes.

Troisième partie: exercices écrits

I. Formes du passé composé. Ecrivez l'histoire suivante au passé composé.

Claire se prépare. Elle met son manteau et son chapeau. Elle va au marché aux poissons et elle achète du poisson. Puis elle passe à la crémerie et elle achète une bouteille de lait. Elle revient à la maison; dans l'entrée elle trouve une lettre et des fleurs que son ami lui envoie. Elle pose le poisson et la bouteille de lait sur

la table de la cuisine. Elle retourne dans l'entrée. Elle s'assied sur une chaise et
elle lit la lettre, elle admire et respire les fleurs. Tout à coup elle entend le chat à la
cuisine. Elle se lève précipitamment et court à la cuisine: elle voit le chat en train
de manger le poisson; elle veut l'arrêter, mais elle renverse la bouteille de lait qui
se casse sur le plancher. Claire n'a rien à manger pour midi. Elle relit la lettre de
son ami et elle met les fleurs dans un vase. Le chat ronronne (*purrs*) et se lèche (*licks himself*).

....

....

....

....

....

....

....

....

....

....

....

....

....

II. Choix de l'auxiliaire.   Mettez les phrases suivantes au passé composé.

1. Il boit tout le café. ....
....

2. Elle reste à la maison. ....
....

3. Ils veulent aller au marché aux oiseaux. ....
....

4. Tu vois les robes qu'elle achète? ....
....

5. Les invités se jettent sur la bouteille de champagne. ....
....

6. Ils ont un accident. ....
....

7. Vous promettez de venir la semaine prochaine? ....
....

8. Elle rougit quand vous lui parlez. ....
....

9. Le gangster attaque la banque. ....
....

10. J'ouvre la porte. ....

....

III. L'accord du participe passé. Mettez les phrases suivantes au passé composé.

1. Marianne passe trois fois devant la pâtisserie. ....

....

2. Les enfants ne rentrent pas. ....

....

3. Elle sort avec Mathieu. ....

....

4. Roméo et Juliette ne se marient pas. ....

....

5. Est-ce qu'elles retournent en Chine? ....

....

6. Nous descendons dans les Catacombes. ....

....

7. La leçon? Je la comprends. ....

....

8. Quelles fenêtres ouvrez-vous? ....

....

IV. Combien de temps? Faites des questions avec **Combien de temps . . .** et des réponses à vos questions sur le modèle suivant:

MODÈLE: Robert et Patrick **ont joué** au tennis de 8h30 à 10h.
Combien de temps est-ce qu'ils ont joué?
*Ils ont joué **pendant** une heure et demie.*

1. Françoise et Marie-Claire *se sont promenées* à bicyclette de 2h à 5h.

....

....

2. Nous avons commencé à *regarder* le film à 8h. Nous avons éteint la télé à minuit.

....

....

3. Tu as commencé à *nager* à midi moins vingt. Tu es sorti de la piscine à midi dix.

....

....

4. Ils sont partis en voyage au début de février. Ils rentrent à la fin de mai. (**voyager**)

....

....

5. La guerre a commencé en 1939 et s'est terminée en 1945. (**durer**)

....

....

V. **Qu'ont fait ces personnes célèbres?** Trouvez dans la colonne de droite les actions que les personnes célèbres de la colonne de gauche ont faites. Faites des phrases complètes.

.... 1. Napoléon   a. tourner les premiers films.

.... 2. Marie-Antoinette   b. inventer le vaccin contre la rage.

.... 3. Pasteur   c. offrir la Statue de la Liberté au peuple américain

.... 4. Marie-Curie   d. découvrir l'Amérique.

.... 5. Les frères Lumière   e. mourir sur la guillotine.

.... 6. Les Français   f. avoir beaucoup de popularité parmi ses troupes.

.... 7. Le général Patton   g. être la première femme à recevoir le prix Nobel.

.... 8. Christophe Colomb   h. gagner beaucoup de batailles.

VI. **Vocabulaire.** Dans les phrases suivantes, mettez le mot qui convient dans l'espace vide. Choisissez un mot de cette liste.

le message	se jeter	le marché aux poissons
un manteau de pluie	mordre	écrire
renverser	le marché aux fleurs	la chaîne
caressés	ouvrir	le chapeau
embrassés	la parole	pleurer
la cuillère	un esclave	lire

1. Je suis allé .... et j'ai acheté des soles, du saumon, etc.

2. L'homme est sorti, sans un mot, sans une ....

3. Tiens, il pleut: je vais prendre mon ....

4. Ce pauvre chien est attaché par une lourde ....

5. Dans le poème *Le Message,* l'homme a .... la porte, est entré; il

    a .... dans un fruit. Il a .... la lettre.

6. Regarde ce que tu as fait: ta robe blanche est toute brune devant: oui,

    j'ai .... mon café.

7. Pour se suicider, cette femme .... du haut de la Tour Eiffel.

8. Il y a des chats qui n'aiment pas qu'on les touche; d'autres veulent toujours être

    ....

9. J'ai une machine pour recevoir des .... téléphoniques.

10. Il a tourné le café au lait avec ....

VII. **Au supermarché.** Décrivez la scène. Imaginez les conversations des personnes — ou leurs pensées. Utilisez les mots ci-dessous (*below*) et le vocabulaire des chapitres 1 et 2.

faire les commissions · le rayon · chercher · pousser · grimper · le chariot métallique · le tapis roulant · être en train de · le filet · les bonbons · la poche · oublier · l'ananas · attraper · le gâteau sec · le porte-monnaie (*wallet*) · remplir (*to fill*) · trop plein (*too full*)

....

....

....

....

....

....

....

....

....

....

....

....

....

....

Nom: ....

Date: ....

Première partie: exercices oraux

Faites ces exercices au laboratoire, sans cahier. Ecoutez le speaker, répondez aux questions, faites les transformations et les traductions.

Deuxième partie: exercices oraux / écrits

Faites le travail de cette partie au laboratoire, avec votre cahier.

I. Prononciation.

1. Les nasales.   Le son / ã / est représenté par les orthographes suivantes.

    a. **en:** je commençais

je descendais	ils pensaient
mes parents	le moment
on m'entendait	déclenchait
argent	heureusement

    b. **em:** empire

remplies	j'emmène
temps	embêtant
remplacement	j'emporte

    Attention: prononcez **en** / ɛ̃ / dans

bien	viens
rien	tiens

    c. **an:** cantine

la France	maman
pourtant	blan¢
venant	tant
maintenant	

    d. **-aon:** L'orthographe **-aon** pour / ã / est rare et n'existe que dans quelques mots.

       paon (*peacock*)   faon (*fawn*)   taon (*horsefly*)

2. Contrastez:

/ ã /	/ a /
j'emmène	j'amène
Jean	Jeanne

3. Contrastez:

/ ã /	/ ɛn /
prend	prennent
gens	gêne

4. Mots difficiles.

un cas particulier	rigueur
bulletin scolaire	leçons particulières
impécunieuse	emprunt
une veilleuse	je me débrouillais
bibliothèque	tout mon soûl
je faisais	elle faisait

II. Dictée de sons. Le speaker prononce un mot. Vous choisissez et vous encerclez (*circle*) le mot que vous entendez. Le speaker vous donne la réponse.

	(1)	(2)	(3)
1.	j'emmène	j'amène	Jean mène
2.	pont	paon	pain
3.	gens	gêne	Jeanne
4.	blanc	blond	bleu
5.	teint	tant	ton

III. Dictée. Le speaker lit la dictée deux fois. La première fois vous écoutez. La deuxième fois, écrivez!

....

....

....

....

....

....

....

....

....

....

Troisième partie: exercices écrits

I. Formes de l'imparfait. Donnez l'imparfait des verbes suivants.

1.	j'appelle	....	2.	elle avance	....
3.	vous faites	....	4.	il pleut	....
4.	ils sont	....	6.	je reste	....
7.	elle a	....	8.	elle choisit	....

9. nous ne
   rions pas   ....

10. tu dors   ....

11. tu achètes   ....

12. elle va   ....

II. L'imparfait d'habitude.   Ecrivez le paragraphe suivant à l'imparfait. Commencez par:
Tous les jours . . .

Je me lève à 6 heures. Je fais ma toilette et je prends mon petit déjeuner. Je vais
à l'université à pied parce que j'aime marcher. Je suis des cours toute la matinée.
Je déjeune avec les copains. L'après-midi je vais à la bibliothèque; je mets mes
notes en ordre, je lis quelques chapitres et souvent je m'endors. Parfois je
rencontre des amis et nous discutons politique. Je rentre chez moi le soir, je dîne
et je me repose. Le week-end je vais souvent au cinéma.

....

....

....

....

....

....

....

....

....

....

....

....

III. Une miracle.   L'année dernière, Renée était une adolescente à problèmes. Cette année, elle est
devenue une jeune fille parfaite. Ecrivez, à l'imparfait et au présent, les changements qui se sont
produits.

MODÈLE: L'année dernière, elle (se lever toujours en retard), cette année elle
(se lever à l'heure).

*L'année dernière elle **se levait** toujours en retard, cette année
elle se lève à l'heure.*

1. L'année dernière elle (prendre rarement un bain), cette année elle (prendre un bain tous
   les jours). ....

   ....

2. L'année dernière elle (manquer souvent l'école), cette année elle (ne manquer jamais
   l'école). ....

   ....

3. L'année dernière elle (dormir pendant les cours), cette année elle (ne pas dormir). ....

   ....

4. L'année dernière elle (tricher), cette année elle (ne pas tricher). ....

   ....

15

5. L'année dernière elle (aller au café après les cours et boire un whisky), cette année elle (aller au café et boire un jus d'orange). ....

....

6. L'année dernière elle (ne pas ranger sa chambre), cette année (sa chambre être toujours impeccable). ....

....

7. L'année dernière elle (sortir le soir en cachette), cette année elle (rester à la maison et étudier ses leçons). ....

....

8. L'année dernière elle (avoir vraiment des problèmes) cette année elle (être parfaite et faire la joie de ses parents). ....

....

IV. Victoires du féminisme.   Décrivez les injustices qui existaient dans beaucoup de pays à l'imparfait, et ce qui se passe maintenant au présent.

Avant les campagnes du féminisme, les femmes (faire) ....

tous les travaux ménagers: elles (laver) .... la vaisselle, (nettoyer)

.... la maison, (ranger) ...., (s'occuper)

.... des enfants; elles (n'avoir) .... pas le

droit de vote. Dans la plupart des entreprises, elles (recevoir) .... un salaire

inférieur. Maintenant, les hommes (participer) .... aux travaux ménagers.

Certains hommes (laver, nettoyer, ranger, s'occuper) ....

.... Les femmes (avoir) .... le droit de vote; elles

(recevoir) .... plus souvent un salaire égal.

V. Vocabulaire.   Dans les phrases suivantes, mettez le mot qui convient dans l'espace vide. Choisissez un mot de cette liste.

solide	s'inscrire	faire des remplacements
la pièce	gratuit	l'éclairage
artisanal	le disque	s'apercevoir
se coucher	assister à	le cours
le bulletin scolaire	la veilleuse	faire partie de
particulier	se débrouiller	le parquet

1. En France, à l'université, on n'a pas besoin de payer. Les cours sont ....

....

2. Pour bien lire le soir, il faut avoir un bon .... Sinon, on a mal

aux yeux.

3. Je vais .... sur les listes électorales pour voter.

4. Mon frère .... d'un orchestre d'amateurs; il joue du violon.

5. Pour les parents de Gisèle, l'avenir du frère était très important: ils ne .... des succès de leur fille.

6. A Londres nous .... à des spectacles de ballet magnifiques.

7. Le bébé a peur de dormir dans une chambre obscure; on lui met une ....

8. J'ai fait moi-même une lampe pour lire au lit: cette installation .... est dangereuse mais économique.

9. Les parents reçoivent .... avec les notes de leurs enfants.

10. Mon cousin n'a pas encore de poste fixe: il .... chez un avocat.

4

Première partie: exercices oraux

Faites ces exercices au laboratoire, sans cahier. Ecoutez le speaker, répondez aux questions, faites les transformations et les traductions.

Deuxième partie: exercices oraux / écrits

Faites le travail de cette partie au laboratoire, avec votre cahier.

I. Prononciation.

1. Le son / œ / s'écrit **eu** ou **œu**; il y a toujours une consonne prononcée après le son / œ /: **r, l, f,** etc.

œuf	sœur
bœuf	veuf
neuf	peur
seul	jeune

2. Le son / ø /. L'orthographe de ce son est aussi **eu** ou **œu**; le groupe est final, ou il y a une consonne écrite mais pas prononcée.

deux	vieux
peu	nœud (*knot*)
feu	œufs
bleu	bœufs

3. Les terminaisons **-euse** / øz /, et **-eute** / øt /, **-eutre** / øtʀ /.

heureuse	neutre
menteuse	feutre
rêveuse	meute

4. Contrastez:

/ œ /	/ ø /
peur	peu
bœuf	bœufs
œuf	œufs
seule	ceux

5. L'orthographe **ui** se prononce / yi /.

lui	fuite
bruit	s'ennuie
pluies	suit

6. Le **p** initial se prononce toujours.

psychose	psychiatre
pneu	psychologue
pseudo	pneumonie

7. Mots difficiles.

la fourrière	atelier
commissariat	biberon
chemin de fer	maladie de peau
Meursault	vieillesse

II. **Dictée de sons.** Le speaker prononce un mot. Vous choisissez et vous encerclez (*circle*) le mot que vous entendez. Le speaker vous donne la réponse.

	(1)	(2)	(3)
1.	bœuf	bœufs	bouffe
2.	nœud	neuf	nu
3.	pleure	pelure	pluie
4.	pille	pays	pied
5.	des	du	deux

III. **Poème.** Le speaker lit le poème. Ecoutez le poème, lu en entier, puis répétez après chaque pause.

> Il pleure dans mon cœur
> Comme il pleut sur la ville,
> Quelle est cette langueur
> Qui pénètre mon cœur?
>
> O bruit doux de la pluie
> Par terre et sur les toits!
> Pour un cœur qui s'ennuie
> O le bruit de la pluie!
>
> de *Il pleure dans mon cœur*
> Paul Verlaine

Troisième partie: exercices écrits

I. **Formes du plus-que-parfait.** Ecrivez les phrases suivantes au plus-que-parfait.

1. Il a été écrasé. ....

2. On lui répond. ....

3. Il s'est habitué. ....

4. Tu t'assieds. ....

5. Nous nous sommes mariés tard. ....

6. Tu as reconnu le chien? ....

7. Ces choses arrivent. ....

8. Il lit le journal. ....

9. Elle se sent seule. ....

10. Il faut chercher un autre chien. ....

II. Imparfait ou passé composé?   Mettez les verbes entre parenthèses au temps qui convient. (Attention! Il y a 3 plus-que-parfaits.)

La Fontaine et la pomme empoisonnée*

La Fontaine (avoir) .... l'habitude de manger tous les jours une pomme cuite.[1] Un jour, pour la laisser refroidir,[2] il en (mettre).. une sur la tablette[3] de la cheminée, et, en attendant,[4] il (aller).. chercher un livre dans sa bibliothèque. Un de ses amis (entrer) .... alors dans la chambre, (apercevoir) .... le fruit et le (manger) .... En rentrant,[5] La Fontaine ne (voir) .... plus la pomme et (deviner)[6] .... ce qui (arriver) .... Alors, il (s'écrier) .... : —Ah! Mon Dieu! Qui (manger) .... la pomme que je (mettre) .... ici? \ —Ce n'est pas moi, (répondre) .... l'autre. —Heureusement, mon ami. —Pourquoi? —Parce que je (mettre).. du poison dedans pour empoisonner les rats. —Du poison? (s'exclamer) .... l'autre, je suis perdu! —N'aie pas peur, lui (dire) .... La Fontaine en riant,[7] c'est une plaisanterie que je (faire) .... pour savoir qui (manger) .... ma pomme.

III. Passé composé et imparfait ensemble.   Dans les phrases suivantes, mettez un verbe au passé composé et l'autre à l'imparfait.

1. Il (acheter) .... le dernier fromage qui (rester) ....

2. Quand nous (arriver) ...., elle (dormir) ....

3. Il (parler) .... d'un chien qui (venir) .... d'être écrasé.

4. Ils (se marier) .... ils (être) .... fiancés depuis dix ans.

5. Je ne (comprendre) .... pas ce qui (arriver) ....

6. J'(entendre) .... dire qu'il (vivre) .... dans une maison de retraite.

7. Il (remercier) .... le jeune homme parce qu'il (montrer) .... de la sympathie.

8. Nous t'(écouter) .... parce que nous n'(avoir) .... rien à faire.

*Extrait de Robin et Bergeaud: *Le Français par la méthode directe, T. II,* reproduit avec la permission de la Librairie Hachette, éditeur.

[1]**une pomme cuite** baked apple   [2]**refroidir** to cool   [3]**la tablette** the mantel   [4]**en attendant** while waiting
[5]**En rentrant** Upon entering   [6]**deviner** to guess   [7]**en riant** while laughing

IV. Passé composé et plus-que-parfait ensemble. Dans les phrases suivantes mettez les verbes au passé composé et au plus-que-parfait.

MODÈLE: Il **perd** aux courses tout l'argent qu'il **a gagné.**
*Il **a perdu** aux courses tout l'argent qu'il **avait gagné.***

1. Elle me rend les livres que je lui ai prêtés. ....
....

2. C'est étrange, ils reçoivent en janvier une lettre que nous avons écrite en novembre. ....

3. Elle n'est pas contente parce que j'ai oublié notre rendez-vous. ....
....

4. Tu manques ton train parce que tu pars trop tard. ....
....

5. Il achète un chien parce qu'il a perdu sa femme. ....
....

6. Au commissariat, on lui dit qu'on n'a pas trouvé son portefeuille. ....
....

7. Il demande à l'employé ce qui est arrivé. ....
....

V. Respectez la propriété des autres! Dans l'histoire suivante, mettez le verbe entre parenthèses au temps qui convient: imparfait, passé composé ou plus-que-parfait.

M. Vincent (avoir) .... une belle voiture neuve qu'il (prêter)
.... quelquefois à sa fille Julia. Un jour Julia (avoir)
.... un petit accident et la peinture de la portière (*car door*)
droite (être) .... abîmée (*damaged*). Ce n'(être) ....
pas très visible, mais enfin, la voiture n'(être) .... plus neuve. Julia ne rien
(dire) .... et (rentrer) .... la voiture au garage. Le
lendemain, M. Vincent (voir) .... la portière abîmée.
Bien sûr il (réagir) .... violemment. Il (deviner) .... ce
qui (arriver) .... Il (appeler) .... Julia et lui
(demander) .... : «Qu'est-ce qui (arriver) .... à ma
voiture?» —Rien, papa. —Tu (avoir) .... un accident? —Moi? Non, papa, je
suis en excellente santé. —Toi, oui, mais ma voiture? Je (remarquer) .... que
la peinture de la portière droite (être) .... abîmée. —Je ne sais pas ce qui
(arriver) .... papa. Sans doute quelqu'un t'(accrocher) (*run into*)
.... dans un parking.» M. Vincent (aller) .... alors dans
la chambre de Julia, (mettre) .... les posters par terre,
(renverser).. les livres, (jeter) .... les vêtements sur

le tapis. Julia (entrer) ...., (voir) .... le désastre et
(s'exclamer) ....: «Papa, qu'est-ce que tu fais?» M. Vincent (dire)
....: «Moi? Rien. Il y (avoir) .... un tremblement de
terre (*earthquake*) sans doute. Je suis aussi innocent que toi pour ma voiture.» Julia (comprendre)
.... la leçon, (s'excuser) .... et
(promettre) .... d'être plus honnête, à l'avenir.

VI. Vocabulaire. Dans les phrases suivantes, mettez le mot qui convient dans l'espace vide. Choisissez un mot de cette liste.

à la retraite	s'asseoir	les poils
le commissariat	les chemins de fer	se marier
la fourrure	la maladie	raison
épouser	la vieillesse	l'ennui
faire du théâtre	les genoux	la pommade
le biberon	faire face	âgé

1. On m'a volé mon portefeuille. Je suis allé faire une déclaration au ....
....

2. Le fils de mes amis est fasciné par les trains. Il veut faire une carrière dans ....
....

3. Cette femme a travaillé toute sa vie; maintenant elle peut se reposer: elle est ....
....

4. Mon mari se met en colère facilement: il a ....

5. Cette jeune fille a de grands talents d'actrice. Elle va probablement ....
....

6. Ma grand-mère reste assise dans son fauteuil, son chat sur les ....
....

7. Mon chien a eu une maladie de peau. On l'a guéri avec une ....
chinoise.

8. Souvent quand on a des animaux à la maison, on trouve des ....
sur letapis.

9. Il n'y a pas de remède pour soigner ....

10. Le jeune homme avait rencontré la jeune fille au bal et l' .... un
mois plus tard.

VIII. Chez le vétérinaire. Décrivez la scène. Imaginez les conversations des personnes — ou leurs pensées. Utilisez les mots ci-dessous et le vocabulaire des chapitres 3 et 4.

avoir l'air · avoir mauvais caractère · tomber malade · la fourrure · se cacher · devoir · le poil · avoir peur · ne pas manger · une maladie de peau · la pommade · sois sage (*good*) · gronder · les puces (*fleas*) · une pîqure contre la rage · le perroquet (*parrot*) · s'apercevoir · se gratter (*to scratch*) · se coucher · les genoux · le panier (*basket*) · guérir · se sentir

....

....

....

....

....

....

....

....

....

....

....

....

Nom:..

Date: ....

Première partie: exercices oraux

Faites ces exercices au laboratoire, sans cahier. Ecoutez le speaker, répondez aux questions, faites les transformations et les traductions.

Deuxième partie: exercices oraux / écrits

Faites le travail de cette partie au laboratoire, avec votre cahier.

I. Prononciation.

1. Le son / u /.   Le son / u / est écrit **ou.** Il est semblable au son anglais écrit **oo**, mais plus bref, et pas diphtongué.

Comparez:

pool	poule
fool	foule
root	route
soup	soupe
troop	troupe

2. La lettre **g.**

a. **g + i** ou **e** représente le son / ʒ /.

girafe	genre
général	Gigi

b. **g + a, o, u** représente le son / g /.

garde	gorge
garage	Gustave

c. **g + e + a** ou **o** représente le son / ʒ /.

geai	voyageons
Georges	découragé

d. **g + u + i** ou **e** représente le son / g /.

guide	béguin
guerre	longueur

3. Les lettres **c** et **ç**.

    a.   **c + a, o, u,** représente le son / k /.

car	comparez
calme	courage
accablé	curieux
comment	culotte

    b.   **c + e** ou **i** représente le son / s /.

certain	cirque
céramique	merci

    c.   On met une cédille au **c: ç** devant les lettres **a, o, u,** pour obtenir le son / s /.

ça	leçon
commençait	reçu
garçon	aperçu

4. Mots difficiles.

baignoire	eûmes
thermostat	eurent
instinct	wagon
stérilisateur	Françoise Mallet-Joris

II.   **Dictée de sons.**   Le speaker prononce un mot. Vous choisissez et vous encerclez (*circle*) le mot que vous entendez. Le speaker vous donne la réponse.

	(1)	(2)	(3)
1.	heure	eurent	arts
2.	neuf œufs	neuf ans	neuf heures
3.	geai	gai	guerre
4.	des arts	désert	dessert
5.	baigne	bagne	bain

III.   **Dictée.**   Le speaker lit la dictée deux fois. La première fois vous écoutez. La deuxième fois, écrivez!

[handwritten dictation exercise, partially legible]

Quand Daniel passa a sen [...] son père lui donna son l'argent pour faire un voyage. D. partit avec un ami. Ils [...] de l'autostop [...] voyagèrent en train et sur le dos d un éléphant. Ils visitent tous les pays d'Afrique. Ils [...] beaucoup d'aventures ils furent a moitié asphyxié par la poussière [...] les animaux [...] liberté [...] les tribus du désert mangèrent la chose bizarre. acheté des bijoux africains

Perdirent leurs chaussures ell reverent son argent
mais dette d'un in a l'animaux presinge

....
....
....
....

Troisième partie: exercices écrits

I. Formes du passé simple. Mettez les verbes suivants au passé simple.

MODÈLE: il a **chanté**
il *chanta*

1. elle a été .... 2. elles disent ....

3. ils ont vu .... 4. ils mettent ....

5. il a couru .... 6. nous entrons ....

7. elle a pu .... 8. nous arrivons ....

9. elle vient .... 10. elle a eu ....

II. Mettez les verbes suivants au passé composé.

MODÈLE: il **fut**
il *a été*

1. il revint .... 2. elles passèrent ....

3. elle sortit .... 4. il emmena ....

5. nous décidâmes .... 6. ils mirent ....

7. il plongea .... 8. elle courut ....

9. elles entendirent .... 10. ils devinrent ....

III. Le passé simple, le passé composé et l'imparfait.

Mettez les verbes de l'histoire ci-dessous au temps qui convient: le passé simple pour le récit, le passé composé pour la conversation et l'imparfait pour les actions habituelles.

Le Poulet du Cardinal Dubois

Le Cardinal Dubois (manger) .... habituellement une aile de poulet [*chicken wing*] tous les soirs. Un jour, à l'heure du dîner, un chien (emporter) .... le poulet. Ses domestiques (être) .... très inquiets [*worried*], car le Cardinal (se mettre) .... facilement en colère [*get mad*]. Ils (mettre) .... immédiatement un autre poulet à la broche. Le Cardinal (demander) .... à l'instant son poulet; son maître d'hôtel lui (dire)

.... : «Monseigneur, vous (souper) [*to have supper*]

.... —Je (souper) .... ? dit le Cardinal. —Mais oui,

Monseigneur. Il est vrai que vous (paraître) [*look*] .... très occupé

[*preoccupied*]; vous .... sans doute (oublier) [*forget*]

.... Mais si vous (vouloir [présent]) .... , on vous

(servir [futur]) .... un autre poulet.» A ce moment le médecin du Cardinal,

qui lui (rendre) .... visite tous les jours, (arriver) ....

Vite, les domestiques le (prévenir) [*warn*] .... et le (prier) [*beg*]

.... de les aider [*help*]. «Parbleu [*to be sure*], (dire)

.... le Cardinal, voici quelque chose d'étrange; mes domestiques me (dire)

.... que je (souper) .... Je ne m'en (souvenir

[présent]) [*remember*] .... pas et de plus, je (se sentir [présent]) [*feel*]

.... plein d'appétit.» Le médecin l'(assurer) .... que

sans doute il (être) .... fatigué [*tired*], mais qu'il (pouvoir)

.... manger de nouveau sans danger et que son appétit (être)

.... signe d'une bonne santé. On (apporter) .... le

poulet, le Cardinal le (dévorer) .... et (être) ....

d'excellente humeur.

d'après Duclos

IV. Imaginez une suite à la saga de Daniel avec les mots suivants au passé simple. Mettez les événements (*events*) dans l'ordre logique.

réussir à ses examens de sciences économiques
devenir le directeur général d'une grande compagnie
rencontrer une jeune fille belle et intelligente
avoir trois enfants
faire construire une maison, etc.

trouver un poste formidable
voyager aux Etats-Unis
se marier
lui et sa femme être heureux

V. **Vocabulaire.** Dans les phrases suivantes, mettez le mot qui convient dans l'espace vide. Choisissez un mot de cette liste.

en liberté   ressembler à   collectionner
une douche   allonger   regarder
à moitié   une baignoire   dépasser
le baccalauréat   perfectionné   le succès
le vestiaire   la poussière   éducatif
ramasser   un club   dépasser

1. L'examen qu'on passe à la fin des études au lycée s'appelle ....

....

2. Quand on va au théâtre ou au bal, on peut laisser son manteau au ....

....

3. Dans une salle de bain, il y a toujours une ....

4. Avec tes cheveux longs, tes bijoux, ton jean, tu .... à un hippie!

5. J'ai cinquante variétés de papillons (*butterflies*). —Ah! Vous .... les papillons?

6. La mode est capricieuse: quelquefois les robes sont courtes, quelquefois elles ....

7. Daniel n'a pas été complètement asphyxié par la poussière; il a été .... asphyxié seulement.

8. En Mauritanie, il y a beaucoup d'animaux sauvages ....

9. François a plongé son bébé dans la ....

10. Cette façon d'élever un enfant n'est pas très ....

Nom: ....

Date: ....

Première partie: exercices oraux

Faites ces exercices au laboratoire, sans cahier. Ecoutez le speaker, répondez aux questions, faites les transformations et les traductions.

Deuxième partie: exercices oraux / écrits

Faites le travail de cette partie au laboratoire, avec votre cahier.

I. Prononciation.

1. La finale **-tion** se prononce / sjõ /.

diction	perception
notion	émotion
location	relation
nation	alimentation

   Exception: **question** se prononce / kɛstjõ /.

2. La finale **-sion** se prononce / zjõ / quand il y a un **i** avant.

décision	élision
révision	précision
provision	

   Attention: On prononce / sjõ / dans les autres cas.

passsion	tension	inversion

3. La finale **-isme** se prononce / ism /. / izəm / est incorrect.

communisme	christianisme
despotisme	catholicisme
populisme	socialisme

4. Le son / o /. Ce son est proche de / u /. Les lèvres sont projetées. Ces orthographes se prononcent **o** fermé (*closed o*): o~~s~~, -o~~t~~, **eau, au, ose.**

stylo	beau
nos	rose
vos	château
pot	faux
philo-	pose
lot	gâteau
dico-	chose
sot	

5. Le son / ɔ /. Ce son est proche du son / ɔ / en anglais dans le mot *ought*. L'orthographe de ce son est **o** + une consonne prononcée, et **au** dans quelques mots.

porte	robe
morte	folle
fort	Laure
comme	Paul

6. Contrastez:

/ o /	/ ɔ /
saute	sotte
chaude	ode
le vôtre	votre
rauque	roc
haute	hotte
paume	pomme
Pauline	Paul

7. Contrastez:

/ o /	/ u /
beau	bout
faux	fou
saut	saoul
Paule	poule

8. Mots difficiles.

Gabrielle Roy	atteignit
Montréal	Renault
le docteur Nault	broyer
Rue Deschambault	Samuel
un haut comptoir	culotte
calotte	

II. Dictée de sons. Le speaker prononce un mot. Vous choisissez et vous encerclez (*circle*) le mot que vous entendez. Le speaker vous donne la réponse.

	(1)	(2)	(3)
1.	feu	faux	fou
2.	sot	saute	sotte
3.	calotte	culotte	quelle hotte
4.	votre	vôtre	voute
5.	sale	seule	celle

III. Poème. Le speaker lit le poème. Ecoutez le poème, lu en entier, puis répétez après chaque pause.

Les Hiboux

Ce sont les mères des hiboux
Qui désiraient chercher les poux
De leurs enfants, leurs petits choux,
En les tenant sur leurs genoux.
Leurs yeux d'or valent des bijoux.
Leur bec est dur comme cailloux.
Ils sont doux comme des joujoux.
Mais aux hiboux point de genoux!
Votre histoire se passait où?
Chez les Zoulous? Les Andalous?
Ou dans la cabane bambou?
A Moscou, à Tombouctou?
En Anjou ou dans le Poitou?
Au Pérou ou chez les Mandchous?
Hou, Hou,
Pas du tout. C'était chez les fous.

Robert Desnos*

les hiboux owls **les petits choux** little darlings **les poux** lice **les genoux** knees (*lap*)
les bijoux jewels **les cailloux** stones **les joujoux** toys **les fous** mad people

Troisième partie: exercices écrits

I. Masculin et féminin. Mettez les groupes suivants au masculin.

> MODÈLE: une **vieille** actrice
> *un **vieil** acteur*

1. une directrice jalouse ....
2. une poule blanche ....
3. une chanteuse canadienne ....
4. une mauvaise épouse ....
5. une belle dame ....
6. une princesse distinguée ....
7. une amie favorite ....
8. une pianiste célèbre ....
9. une vache rousse ....
10. une nièce étrangère ....

*Extrait de Robert Desnos: *Chantefables et chantefleurs*, reproduit avec la permission de la Librairie Gründ.

II. Pluriel des noms et des adjectifs.   Mettez les groupes suivants au pluriel.

> MODÈLE: un château **ancien**
> *des châteaux **anciens***

1. l'œil brun   ....
2. un rail bleu   ....
3. un cheval fou   ....
4. le nez droit   ....
5. l'eau sale   ....
6. la voix basse   ....
7. un monsieur sérieux   ....
8. le ciel gris   ....
9. un caillou blanc   ....
10. la première année   ....

III. Ecrivez les phrases suivantes.   Employez les adjectifs entre parenthèses au genre et à la place qui conviennent.

1. Vous avez une bicyclette. (beau / neuf) ....
   ....

2. J'adore mon anorak. (nouveau/ bleu) ....
   ....

3. Regardez la page. (premier / blanc) ....
   ....

4. Ils forment un ménage. (jeune / harmonieux) ....
   ....

5. Il y a une boulangerie. (bon / français) ....
   ....

6. Prends le dictionnaire. (gros / vert) ....
   ....

7. Ils ont fait une promenade. (long / reposant) ....
   ....

8. Tu mets tes chaussures. (vieux / noir) ....
   ....

9. Apporte des galettes. (petit / sec) ....
   ....

10. Elle adore la musique. (grand / italien) ....

IV. Vocabulaire.   Complétez les phrases suivantes avec un mot en **-ou**. Ces mots apparaissent dans le poème, *Les Hiboux* (p. 33).

1. Ce clochard (*bum*) est sale: il a des .... sur la tête.

2. Les mamans tiennent leurs bébés sur leurs ....

3. Cette femme porte des diamants, des perles; elle adore les ....

4. Je ne peux plus marcher; j'ai un .... dans ma chaussure.

5. Les .... sont des oiseaux de nuit qui font «hou, hou»!

6. Mon petit .... , donne-moi des ....

   pour Noël!

7. C'est une histoire de ....

V. Vocabulaire. Dans les phrases suivantes, mettez le mot qui convient dans l'espace vide. Choisissez un mot de cette liste.

le mur	à la consigne	le cabinet de consultation
l'ordonnance	le tramway	les renseignements
soucieux	le bocal	intrigué
la commande	les directions	séché
le train	effrayé	les herbes
au taxi	frais	joyeux

1. A la pharmacie, il y a des rayons remplis de ....

2. Chez le médecin, les malades attendent avant d'entrer dans le ....

   ....

3. Quand est-ce que le train part pour Winnipeg? —Allez demander au bureau de ....

   ....

4. Tu as l'air .... —Oui, je n'ai pas de nouvelles de mon vieux

   cousin qui est malade.

5. Je ne peux pas porter notre grosse valise. —Laissons-la ....

6. A San Francisco, c'est amusant de se promener en autobus. —Moi, je préfère ....

   ....

   ....

7. Le pharmacien va exécuter mon ....

8. J'ai acheté un vieux livre. Il y avait une fleur .... dedans.

9. La petite fille est .... par le comportement du médecin-

   pharmacien.

10. Plusieurs personnes ont indiqué aux deux femmes des ....

    contraires pour aller de la gare à l'hôtel.

VI. **La pharmacie.** Décrivez la scène. Imaginez les conversations des personnes — ou leurs pensées. Utilisez les mots ci-dessous et le vocabulaire des chapitres 5 et 6.

le comptoir · le bout de papier · un bocal · séché · les lunettes · une ordonnance · exécuter une ordonnance · un rayon · à droite · à gauche · une cliente · faire signe · se soigner · mal à la tête · mal au dos · le parfum · le rouge (*lipstick*) · le mascara · s'appliquer · se laver les cheveux · prendre un bain chaud · la cloison · l'aspirine · la crème de beauté

....

....

....

....

....

....

....

....

....

....

....

....

Nom: ....

Date: ....

Première partie: exercices oraux

Faites ces exercices au laboratoire, sans cahier. Ecoutez le speaker, répondez aux questions, faites les transformations et les traductions.

Deuxième partie: exercices oraux / écrits

Faites le travail de cette partie au laboratoire, avec votre cahier.

I.   Prononciation.

1.   L'article défini: **le, la, les.** Articulez distinctement:

le / lə /	la / la /	les / le /
le paquet	la table	les frères
le résultat	la terrine	les garçons
le champagne	la cuisine	les maisons
le fromage	la tarte	les poulets

2.   L'article indéfini: **un, une. Un** se prononce comme / ø / nasalisé. La prononciation de **un** dans la conversation rapide est très proche de la prononciation de **in** /ɛ̃/.

Contrastez **un** / œ̃ / devant une consonne et / œ̃n / devant une voyelle.

un / œ̃ /	un / œ̃n /
un coup	un ananas
un poisson	un appétit
un poireau	un oignon
un docteur	un enfant
un bras	un œil

3.   Contrastez:

un / œ̃ /	une / yn /
un verre	une salade
un vin	une bouillie
un spécialiste	une carafe
un pied	une chaussette

4.   Contrastez:

du / dy /	des / de /
du pain	des pâtes
du vin	des pommes de terre
du lait	des tartes
du courage	des problèmes

5. La liaison.

    Le -s de **les** et de **des** est prononcé avec la première voyelle du mot qui suit.

    les amis   les épicières
    des intérieurs   des écoles

    On ne fait pas la liaison avec un **h** aspiré. Comparez:

    un homme   un / héros
    des huiles   des / haricots
    des habitudes   les / Halles

6. **-ss** / s / et **-s** / z /.

    On dit / s / quand il y a un double **s** entre deux voyelles. On dit / z / quand il y a un **s** entre deux voyelles. Contrastez:

    coussin   cousin
    poisson   poison
    dessert   désert
    chausse   chose

    Contrastez:

/ s /	/ z /
ils sont	ils ont
nous savons	nous avons
hélas	gaz
fils	transatlantique
un os	Berlioz

7. Mots difficiles.

un ananas	un tire-bouchon
un bac à glacons	un ouvre-boîtes
un décapsuleur	les victuailles
effectivement	incroyablement

II. **Dictée de sons.**   Le speaker prononce un mot. Vous choisissez et vous encerclez (*circle*) le mot que vous entendez. Le speaker vous donne la réponse.

	(1)	(2)	(3)
1.	nous savons	nous avons	nos avions
2.	désert	dessert	des serres
3.	peine	pain	panne
4.	(je) sens	séance	(le) sens
5.	j'ose	chausse	chose

III. **Dictée.**   Le speaker lit la dictée deux fois. La première fois vous écoutez. La deuxième fois, écrivez!

....

....

....

....

....

....

....

....

....

....

....

....

....

....

....

Troisième partie: exercices écrits

I. **Choix de l'article.** Mettez l'article qui convient ou mettez **de.**

1. A Nice, il y a .... marchés dans toute .... ville: .... marché .... fleurs, ... marché .... poissons, ... marché .... légumes. 2. Il y a .... marché, en particulier, près de .... Préfecture de .... Police. 3. C'est .... marché que je préfère: c'est .... plus gai et .... plus pittoresque .... ville. 4. Un jour, je suis allée .... marché. 5. J'y ai acheté .... quantités .... légumes: .... carottes, ... courgettes (*squash*) .... tomates et .... laitue (*f.*), ... olives. 6. .... tomates et .... olives poussent bien dans .... Midi de .... France. 7. Elles entrent dans .... composition de la plupart .... plats. 8. .... olives sont macérées dans .... huile. 9. J'ai acheté aussi .... gros poisson à faire cuire .... four, ... poissons de roche et .... crabes pour faire .... bouillabaisse (*f.*) 10. .... bouillabaisse est .... plat célèbre dans .... Midi. 11. Avez-vous jamais mangé .... bouillabaisse? 12. C'est .... expérience gastronomique unique.

13. J'ai acheté beaucoup .... fruits. 14. .... fruits poussent surtout dans .... vallée .... Rhône, mais .... marchands apportent dans cette ville .... melons, ... pêches et .... abricots de leurs vergers. 15. .... oranges ne poussent pas bien dans .... Midi. 16. Il n'y a pas .... citrons non plus; c'est parce que .... climat n'est pas assez chaud.

17. J'ai aussi acheté .... fleurs. 18. .... marché .... fleurs .... Nice est .... plus connu .... cette région. 19. En .... hiver on rapporte de Nice .... œillets (*carnations*) et .... mimosa .... amis de Paris, où .... fleurs ne poussent qu'............ printemps.

II. **Voyages bien organisés.** Mettez la préposition qui convient devant le nom de ville (**à**) et le nom de pays (**au, en**). Mettez l'article qui convient devant les noms (défini, indéfini, partitif).

> MODÈLE: Je suis allé __**en**__ Italie; j'ai visité __**les**__ musées de Florence, __**les**__ canaux de Venise; j'ai mangé __**des**__ spaghetti et bu __**du**__ chianti (*m*).

1. .... Grèce, j'ai adoré .... ruines anciennes et .... petites églises byzantines. Je me suis baigné dans .... mer turquoise. J'ai bu .... vin résiné (*retsina*) et mangé .... pâtisseries très sucrées.

2. .... Egypte, j'ai admiré .... Grande Pyramide et .... Sphinx. J'ai acheté .... bijoux d'argent .... bazar et j'ai mangé .... excellente soupe .... lentilles.

3. .... Salzbourg, j'ai visité .... palais et .... maison de Mozart. J'ai écouté .... valses viennoises à .... terrasse d'un café et j'ai bu .... chocolat viennois.

4. .... Moscou, j'ai attendu longtemps sur .... Place Rouge pour voir .... Mausolée de Lénine. J'ai mangé .... soupe .... choux à tous .... repas.

5. .... Martinique, j'ai pris .... bains de soleil sur .... plages blanches et j'ai mangé .... poisson grillé .... bord de .... mer.

6. .... Mexique, j'ai passé toute .... journée .... Musée Archéologique, j'ai admiré .... pyramides de .... lune et .... soleil, j'ai mangé .... tacos et .... burritos.

7. Je suis rentré chez moi et j'avais .... indigestion .... nourriture et .... voyages.

III. **Que font-ils? Que vendent-ils? A quoi jouent-ils? De quoi jouent-ils?** Faites des phrases avec les noms de la colonne de gauche et les noms de la colonne de droite, et un de ces verbes: **faire, vendre, jouer à** ou **de**.

> MODÈLE: Catherine Deneuve   le cinéma
> *Catherine Deneuve **fait du** cinéma.*

....	1. Chris Evert	a. autos
....	2. les Japonais	b. le rock
....	3. les Canadiens	c. le parfum
....	4. M. Horowitz	d. les montres
....	5. M. Isaac Stern	e. le football
....	6. les Brésiliens	f. le hockey sur glace
....	7. les «Police»	g. le tennis
....	8. les Suisses	h. le piano
....	9. M. Yves Saint-Laurent	i. le violon

IV. **Visite au supermarché.** Mettez le nom des produits que vous avez achetés dans les espaces vides (*blanks*).

1. J'ai regardé les prix de la .... , des

.... , du .... , de la

....

2. J'ai acheté du .... , des .... , de la
   .... et de l'................................. .

3. Le .... est bon marché. Les ....
   sont chères.

4. La .... raisonnable.

5. Je suis rentré à la .... J'avais oublié le
   .... et les ....

6. Pour faire mon dîner, j'avais besoin de .... et de
   ....

7. J'ai tout laissé en plan et je suis allé dîner au ....

V. Vocabulaire.   Dans les phrases suivantes, mettez le mot qui convient dans l'espace vide.
Choisissez un mot de cette liste.

le tire-bouchon	le décapsuleur	le compotier
le plat à terrine	le glaçon	le plateau
s'affairer	secouer	gentiment
sans cérémonie	pêle-mêle	radieux
une réclamation	tout en plan	s'immobiliser
une émission	éplucher	paresseux

1. Elle .... la salade dans la baignoire.

2. Quand j'ai beaucoup d'invités, je .... dans ma cuisine.

3. Ouvre la bouteille de vin. —Je ne trouve pas ....

4. Où as-tu mis la salade de fruits? —Dans ....

5. Les garçons .... pour écouter l'annonce des résultats sportifs.

6. Dans mon verre, quand il fait chaud, j'aime ajouter des .... à ma
   boisson.

7. Ils ont posé les paquets dans la cuisine et ont tout sorti ....

8. Vous n'êtes pas content de votre achat? Allez au bureau des ....

9. Je n'aime pas les complications; j'aime bien recevoir mes amis ....
   .... pour un dîner simple.

10. Jérôme est .... il n'aide jamais sa femme à la cuisine.

Nom: ....

Date: ....

Première partie: exercices oraux

Faites ces exercices au laboratoire, sans cahier. Ecoutez le speaker, répondez aux questions, faites les transformations et les traductions.

Deuxième partie: exercices oraux / écrits

Faites le travail de cette partie au laboratoire, avec votre cahier.

I. Prononciation.

1. Syllabation. Une syllabe se termine par une voyelle: **a-mi; é-té.** Une consonne double compte pour une seule: **a-rri-vé; a-ttra-pé.**

    Deux consonnes différentes se séparent, la première appartient à la syllabe qui précède, la deuxième appartient à la syllabe qui suit: **per-du; ves-ton.**

    Les groupes suivants ne se séparent pas: **bl, br, tr, dr** (une consonne + **r** ou **l**): **ta-bleau; per-dra.**

    Le **-n** d'une voyelle nasale appartient à la voyelle: **con-tent.**

    EXERCICE. Divisez tous les mots en syllabes avant d'écouter le speaker. Le speaker vous donne la réponse.

    inimitable   ....

    département   ....

    destruction   ....

    animalité   ....

    politiquement   ....

    contradiction   ....

    probablement   ....

    supériorité   ....

    instinctivement   ....

    anticonstitutionnel ....

2. L'accent tonique. En français on met l'accent sur la dernière syllabe du mot.

    professéur   doctéur
    américáin   possíble
    probablemént   importánt
    animál   intelligént

On met l'accent sur la dernière syllabe du groupe de mots.

salle de báin   prof de françáis
midi et demí   exercice écrít
rendez-vóus

3. Le son / ɛ̃ / . Le son / ɛ̃ / a plusieurs orthographes.

in	vin	pin	fin
im	simple	timbre	
ain	pain	main	saint
aim	faim		
ein	sein	rein	plein
yn	syndicat		
ym	symphonie		

4. Le son / jɛ̃ / s'écrit **ien** ou **yen**.

bien	tien
vient	rien
tient	moyen
sien	citoyen
mien	

Exceptions:

client = / klijã /
patient = / pasjã /
ils rient = / ilʀi /

5. Le son / wɛ̃ / s'écrit **oin**.

coin	foin
moins	point
soin	loin

6. Contrastez:

/ ɛ̃ /	/ ɛn /
plein	pleine
vain	vaine
sein	seine
rein	Rennes
américain	américaine
canadien	canadienne

7. Contrastez:

/ ɛ̃ /	/ in /
fin	fine
divin	divine
cousin	cousine

8. Mots difficiles.

chapeau de paille	mauvais sang
aide-cuisinier	oreillons
bateau-fantôme	océanographique
quarantaine	

II. Dictée de sons.
Le speaker prononce un mot. Vous choisissez et vous encerclez (*circle*) le mot que vous entendez. Le speaker vous donne la réponse.

	(1)	(2)	(3)
1.	rein	rien	rient
2.	fine	fini	fin
3.	sein	saine	saint
4.	mieux	mien	meilleur

III. Poème.
Le speaker lit le poème. Ecoutez le poème, lu en entier, puis répétez après chaque pause.

Chanson d'automne

Les sanglots longs
Des violons
    De l'automne
Blessent mon cœur
D'une langueur
    Monotone.

Tout suffocant
Et blême, quand
    Sonne l'heure,
Je me souviens
Des jours anciens
    Et je pleure.

Et je m'en vais
Au vent mauvais
    Qui m'emporte,
Deça, delà
Pareil à la
    Feuille morte.

Paul Verlaine

sanglot sob   **blesser** to wound   **langueur** tiredness   **deça, delà** here and there   **pareil** similar

Troisième partie: exercices écrits

I. Formes des pronoms.
Remplacez les groupes en italique par le pronom qui convient.

1. Elle mange *les fruits* ....
   ....

2. Vous cherchez *des questions?* ....
   ....

3. Nous étudions *la poésie* par cœur ....
   ....

4. Il attend *son amie* au café. ....
   ....

5. Marcel apprend la nouvelle *à ses parents*. ....

....

6. Je profite *du beau temps*. ....

....

7. Il a eu plusieurs *accidents*. ....

....

8. Je sais jouer *du piano*. ....

....

9. Vous pensez *à ce poème*. ....

....

10. Il fait attention *à l'orthographe*. ....

....

II. Formes et place des pronoms. Remplacez les groupes en italique par les pronoms qui conviennent.

1. Elle donne *la main au petit garçon*. ....

....

2. Je prête *mon livre à Isabelle*. ....

....

3. Tu empruntes de *l'argent à ta sœur?* ....

....

4. Vous envoyez *des fleurs à la princesse*. ....

....

5. Marcel présente *la jeune fille à ses parents*. ....

....

6. Il s'occupe *de ses affaires*. ....

....

7. Vous pensez *à votre avenir*. ....

....

8. Tu penses *à une écrivaine célèbre*. ....

....

9. Ils ne tiennent pas *aux valeurs traditionnelles*. ....

....

10. Elle donne *du souci à ses parents*. ....

....

III. Formes et place des pronoms à l'impératif. Dans les phrases suivantes, remplacez les groupes en italique par des pronoms. Répétez la phrase obtenue (1) à l'impératif positif, (2) à l'impératif négatif.

> MODÈLE: Vous **m**'expliquez la **leçon.**
> *Vous **me l'**expliquez.*
> *Expliquez-**la-moi.***
> *Ne **me l'**expliquez pas.*

1. Nous donnons les réponses *à l'inspecteur.* ....
....
....

2. Vous envoyes *des nouvelles à vos parents.* ....
....
....

3. Tu prêtes *ton stylo à Maurice.* ....
....
....

4. Nous pensons *à notre santé.* ....
....
....

IV. Une secrétaire parfaite. Le patron demande à sa secrétaire de faire quelque chose; elle l'a déjà fait. Suivez le modèle.

> MODÈLE: Tapez cette lettre. Tapez-**la** vite!
> —*Je l'ai déjà **tapée.***

1. Rangez les dossiers. ....
2. Ecrivez le rapport. ....
3. Envoyez ces renseignements à M. Perrault. ....
4. Préparez le programme de la réunion. ....
5. Collez ces enveloppes (*f.*) ....
6. Téléphonez à ces clients. ....

V. Un grand dîner. M. et Mme Lebrun préparent un grand dîner. Mme Lebrun parle à M. Lebrun et lui demande ce qu'il a fait. M. Lebrun répond oui ou non. Suivez le modèle.

> MODÈLE: Mme L.: Tu as commandé la tarte?
> M. L.: *Non, j'ai oublié de **la** commander.*

1. Mme L.: Tu as acheté du champagne? —Oui, ...
2. Mme L.: Tu as envoyé les invitations? —Non, je ....
3. Mme L. : As-tu nettoyé la salle à manger? —Oui, je ....
4. Mme L.: As-tu fait les commissions? —Non, je ....

5. Mme L.: As-tu téléphoné à ma sœur? —Oui, je ....

6. Mme L.: Vas-tu mettre le couvert? —Oui, je ....

VI. Vocabulaire.   Dans les phrases suivantes, mettez le mot qui convient dans l'espace vide. Choisissez un mot de cette liste.

l'équipage	le voilier	le pont
le matelot	préserver	la fièvre
remuer	l'école communale	imbécile
la peste	le squelette	empêcher
la quarantaine	attraper	fou
la santé	la nouvelle	le lycée

1. Marius est un .... parce qu'il ne comprend pas qu'il fait de la peine

    à son père.

2. Un bateau qui navigue grâce à la force du vent est un ....

3. Sur .... du bateau, les passagers peuvent faire une promenade.

4. Le capitaine, les matelots, le cuisinier forment ....

5. .... est une maladie qui a dévasté l'Europe au Moyen-Age.

6. Quand la mer est agitée, le bateau ....

7. Les enfants vont à .... jusqu'à l'âge de dix ou douze ans.

8. Cet homme est toujours malade, il n'est pas en bonne ....

9. A cause d'une maladie contagieuse à bord, le bateau est en ....

10. Cette maman est super-anxieuse: elle .... ses enfants de sortir quand

    il fait froid.

VIII. **Un dîner chez les Dulout.** Décrivez la scène. Imaginez les conversations des personnes — ou leurs pensées. Utilisez les mots ci-dessous et le vocabulaire des chapitres 7 et 8.

dresser le couvert · les glaçons · le plateau · la table roulante · l'émission · les résultats sportifs · s'affairer · le tirebouchon · les victuailles · il y a · se servir de · ce n'est pas la peine · dessus · dedans · tu t'y prends bien · la cuisinière · le potage (*soup*) · le living · la salle à manger · faire plaisir à · le frigo · l'évier · les fruits · le fromage

....

....

....

....

....

....

....

....

....

....

....

....

Nom:..

Date: ....

Première partie: exercices oraux

Faites ces exercices au laboratoire, sans cahier. Ecoutez le speaker, répondez aux questions, faites les transformations et les traductions.

Deuxième partie: exercices oraux / écrits

Faites le travail de cette partie au laboratoire, avec votre cahier.

I. Prononciation.

1. Le **-n** final. On ne prononce pas **-n** final ou **n** devant une consonne. La voyelle est nasale.

   an   danse
   son   pense
   non   peint

   On prononce **n** suivi d'une voyelle, d'un **e** muet ou d'un autre **n**. La voyelle n'est pas nasale.

   â / ne   pei / ne
   so / nne   pa / nne

2. L'orthographe **gn**. L'orthographe **gn** représente le son / ɲ / ou / nj /. Comparez avec le **ny** de *canyon.*

   montagne   agneau   magnétophone
   magnifique   champagne   ignorer
   lorgnon   ligne   oignon / ɔɲõ /.

   Exceptions: L'orthographe **gn** représente le son / gn / dans les mots suivants.

   diagnostic   magnat
   ignition   magnum
   agnostique   magnitude

3. Contrastez:

   n / n /   **gn** / ɲ /
   anneau   agneau
   en panne   Espagne
   oh! non   oignon
   reine   règne
   Cannes   Cagnes
   ils peinent   ils peignent

4. Révision des sons.

Contrastez:

/ɛ̃/	/ɑ̃/	/ɔ̃/
bain	banc	bon
daim	dans, dent	don
faim	faon	font
lin	lent	long
main	ment	mon
nain	n'en	non
pain	pend	pont
sain	sans	son
vin	vent	vont

5. Mots difficiles.

Jean d'Ormesson   Juliette Récamier
Combourg   leur viennent aux yeux
l'un de l'autre   mensonges

II. Dictée de sons. Le speaker prononce un mot. Vous choisissez et vous encerclez (*circle*) le mot que vous entendez. Le speaker vous donne la réponse.

	(1)	(2)	(3)
1.	Jean	Jeanne	joue
2.	saint	sans	son
3.	pond	pend	peint
4.	danse	dans	daims
5.	Cagnes	quand	Cannes

III. Dictée. Le speaker lit la dictée deux fois. La première fois vous écoutez. La deuxième fois, écrivez!

....
....
....
....
....
....
....
....
....
....
....
....
....
....

Troisième partie: exercices écrits

I. Donnez les formes des verbes pronominaux suivants.

1. elle (se laver) (*passé composé négatif*) ....
2. tu (se rappeler) (*présent positif*) ....
3. vous (se téléphoner) (*futur interrogatif*) ....
4. nous (se caresser) (*imparfait positif*) ....
5. je (s'asseoir) (*passé composé négatif*) ....
6. elles (s'apercevoir) (*plus-que-parfait interrogatif*) ....
7. il (s'envoler) (*imparfait négatif*) ....
8. nous (s'enfuir) (*futur positif*) ....
9. elle (s'évanouir) (*passé composé positif*) ....
10. tu (se dépêcher) (*impératif positif*) ....

II. Identifiez le sens de chaque verbe (*réfléchi, réciproque, passif, seulement pronominal, verbe avec un nouveau sens*); puis donnez la traduction en anglais.

1. Elle s'est vue dans la glace. ....
2. Ils s'embrassaient. ....
3. Je me suis perdue. ....
4. Vous vous doutez qu'elle ment. ....
5. Ce verbe ne se conjugue pas à tous les temps. ....
6. Tu te maquilles. ....
7. L'oiseau s'envole. ....
8. Les années se suivent. ....
9. Elle s'est regardée. ....
10. S'embrasser dans la rue, ça se fait en France. ....

III. **Une personne trop pressée.** Mettez les verbes du paragraphe suivant au passé composé. (*Attention:* il y a deux verbes au plus-que-parfait!)

1. Ce matin je me lève .... à 6 heures. 2. Je ne me lave pas .... parce que j'ai pris .... un bain la veille. 3. Je me nettoie .... juste le bout du nez. 4. Je me coiffe .... et je m'habille .... 5. Je regarde .... l'heure et je m'aperçois .... qu'il est déjà 7 heures. 6. Je me dépêche .... 7. Je ne me fais pas .... de petit déjeuner compliqué. 8. Pas le temps! Je me contente .... d'un bol de café. 9. Je me précipite .... dehors. 10. Je me rends compte .... que je suis

.... déjà en retard. 11. L'autobus s'arrête .... au coin de la rue. 12. Je m'élance .... et je m'assieds .... essoufflé, sur une banquette. 13. L'autobus se remet .... en route. 14. Catastrophe! L'autobus se dirige .... dans une autre direction. 15. Je me suis trompé .... d'autobus!

IV. Recommandation.   Faites une phrase à l'impératif d'un verbe pronominal pour exprimer les idées suivantes.

1. Vous dites à votre enfant d'aller plus vite. ....
   ....

2. Vous dites à vos amis de ne pas se faire de souci. ....
   ....

3. Vous dites à un groupe de vous accompagner dans une promenade. ....
   ....

4. Vous défendez à un enfant de s'asseoir sur un canapé. ....
   ....

5. Vous défendez à vos parents de se mettre en colère. ....
   ....

6. Vous dites à Barbara de se rappeler. ....
   ....

7. Vous demandez à un groupe de personnes et à vous-même de rester calmes. ....
   ....

8. Vous demandez à un groupe de personnes et à vous-même de ne pas s'énerver. ....
   ....

V. Indépendance.   Dites ce que ces personnes font toutes seules.

   Modèle: La maman **lave** le petit garçon.
             *Le petit garçon **se lave** tout seul.*

1. Tu as besoin d'un réveil pour te réveiller le matin? Non, je ....
   ....

2. Vous avez perdu votre chemin? Vous ....

3. La musique endormait Caroline. Elle..

4. La cosméticienne va maquiller les jeunes filles. Elles ....

5. Le valet habille M. le comte. Il ....

6. Le coiffeur a rasé les clients. Ils...

VI. Vocabulaire. Dans les phrases suivantes, mettez le mot qui convient dans l'espace vide. Choisissez un mot de cette liste.

le chagrin	la ride	s'éloigner
l'angoisse	le solitaire	se tenir par la main
le teint	les larmes	maigrir
le célibataire	la taille	les ombres
vieillir	le visage	avoir pitié
se précipiter	avoir besoin	se retourner

1. La Sylphide de René avait .... des vierges de la chapelle du château.

2. Par amour, René ne mangeait plus: il ....

3. René vivait seul à Combourg. C'était un ....

4. Un des signes de l'âge est le nombre de ....

5. Les deux amants se promènent dans le parc, ils ....

6. Ils sont vieux quand ils se revoient: un sentiment nouveau se mêle à leur amour: ils .... l'un de l'autre.

7. Nos vieux amis sont morts. Nous avons beaucoup de ....

8. Quand ils se sont revus, ils .... l'un vers l'autre.

9. Leur émotion est si intense que .... leur viennent aux yeux.

10. Votre .... est clair et rose. Vous êtes en bonne santé.

Nom:..

Date: ....

Première partie: exercices oraux

Faites ces exercices au laboratoire, sans cahier. Ecoutez le speaker, répondez aux questions, faites les transformations et les traductions.

Deuxième partie: exercices oraux / écrits

Faites le travail de cette partie au laboratoire, avec votre cahier.

I. Prononciation.

1. Le **a** antérieur se prononce / a /. La plus grande partie des **a** sont antérieurs. Le **a** est prononcé très ouvert. Il est proche de / ɛ /.

    Madame   animal   radical

    Les orthographes **em, en, el** représentent le son / a / dans les mots suivants.

    femme   évidemment[1]
    poêle   (*f. frying pan; m. stove*)   patiemment
    moelle   (*marrow*)   ardemment
    solennel

2. Le **a** postérieur (prononcé / ɑ /) est rare. Il est prononcé dans la partie arrière de la bouche. Il est proche de / ɔ /. On le remarque dans des mots parallèles à des mots en **a** antérieur.

    a. Contrastez:

/ a /		/ ɑ /	
Anne		âne	(*donkey*)
patte	(*paw*)	pâte	(*paste, noodle*)
tache	(*spot*)	tâche	(*duty*)
halle	(*market*)	hâle	(*suntan*)
balle	(*ball*)	Bâle	(*Basel*)
malle	(*trunk*)	mâle	(*male*)
matin	(*morning*)	mâtin	(*mastif*)
chasse	(*hunt*)	châsse	(*shrine*)

    b. On entend **a** postérieur dans des mots isolées.

    pas   (*m. step;* ou la négation)   fable
    passe   rare
    diable   (*devil*)
    sable   (*sand*)

[1]tous les abverbes en **-emment**

3. Contrastez:

/ ə/	/ a /
il le dit	il l'a dit
il le fait	il l'a fait
il le voit	il la voit
il le prend	il la prend

4. Contrastez:

/ a /	/ɛ /
mal	mêle
balle	belle
salle	celle
parle	perle
vaste	veste

5. Contrastez:

/ a /	/ ɔ /
malle	molle
bal	bol
dague	dogue
tard	tord

6. Contrastez:

/ a /	/ œ /
car	cœur
salle	seule
Jeanne	jeune
part	peur
Sarre	sœur

7. Mots difficiles.

Martin-Leduc	il suait à grosses gouttes
Yves La Madière	entrebaillées
une bonbonnière	la corbeille de la mariée
une miniature	une boîte de cuir rouge

II. Dictée de sons. Le speaker prononce un mot. Vous choisissez et vous encerclez (*circle*) le mot que vous entendez. Le speaker vous donne la réponse.

	(1)	(2)	(3)
1.	balle	Bâle	belle
2.	il la prend	il le prend	il l'apprend
3.	gêne	Jean	Jeanne
4.	molle	malle	mâle

III. Poème. Le speaker lit le poème. Ecoutez le poème, lu en entier, puis répétez après chaque pause.

Dualisme

Chérie, explique-moi pourquoi
tu dis: «MON piano, MES roses»,

et «TES livres, TON chien». . . pourquoi
je t'entends déclarer parfois:
«c'est avec MON argent A MOI
que je veux acheter ces choses.»

Ce qui m'appartient t'appartient!
Pourquoi ces mots qui nous opposent:
le tien, le mien, le mien, le tien?
Si tu m'aimais tout à fait bien,
tu dirais: «LES livres, LE chien »,
et «NOS roses.»

Paul Géraldy*

Troisième partie: exercices écrits

I. Formes de l'adjectif possessif. Mettez l'adjectif possessif qui correspond au sujet du verbe.

1. Marie n'aime pas penser à .... anniversaire.

2. Je m'occupe toujours de .... affaires.

3. Elles gagnent bien .... vie.

4. Nous n'avons pas amené .... chien.

5. Tu me donneras .... adresse.

6. Philippe est fou de .... femme.

7. Cette ville est trés belle: .... jardins et ....
cathédrale du XIIème siècle sont magnifiques.

II. Le pronom possessif. Remplacez les expressions entre parenthèses dans la conversation suivante par un pronom possessif.

> Modèle: Elle parle de ses problèmes et lui (de ses problèmes).
> *Elle parle de ses problèmes et lui des siens.*

—Voyons, dit Jacques. Tu ne m'écoute pas. Je te raconte mes difficultés et tu ne penses qu'(à tes difficultés) .... Quel égoïsme! Tu pourrais quand même de temps en temps oublier tes soucis et écouter (mes soucis) ....

—Pas du tout, dit Jacqueline, c'est toi qui ne t'intéresses qu'à tes ennuis et jamais (à mes ennuis) ....

—Nous n'en sortirons pas, dit Jacques. Allons voir un conseiller familial. Nous lui

*Extrait de Paul Géraldy: *Toi et moi*, reproduit avec la permission des Editions Stock.

parlerons de tes problèmes et (de mes problèmes) .... J'en

connais un excellent. Georges et Georgette lui ont confié (leurs problèmes)

....

    —Je ne suis pas d'accord, dit Jacqueline. Ton cas et (mon cas) .... sont

très différents. Nous ne pourrons jamais nous réconcilier. D'ailleurs ma famille et (ta famille)

.... se sont toujours disputées.

    —Eh bien, divorçons. Tu referas très bien ta vie et moi (ma vie) ....

    —Comment? Jamais! J'aime trop nos disputes.

III. **L'adjectif possessif, l'article et les parties du corps.** Dans les phrases suivantes,
remplacez les tirets par un article ou un adjectif possessif.

        Modèle: Il a mis .... main dans .... poche.
               *Il a mis **sa** main dans **sa** poche.*

   1. Elle s'est coupé .... cheveux.

   2. Fermez .... yeux.

   3. Il a mis .... chapeau sur .... tête.

   4. Elle s'est cassé .... jambe.

   5. Tu t'es maquillé .... yeux.

   6. Va te laver .... mains.

   7. Il a mal à .... tête.

   8. Elle s'est coupé .... doigt.

   9. Le docteur lui a bandé .... main gauche.

 10. .... main droite va très bien.

IV. Complétez les dialogues suivants pour rendre la conversation logique.

        Modèle: —.....................................
              —Bien peu de chose.
              —Vous nous avez fait un cadeau magnifique.
              —Bien peu de chose.

   1. — ....
     —Tu as sans doute mangé trop de gâteaux.

   2. — ....
     —Oui, (parce que) j'ai bu trop de chapagne.

   3. — ....
     —Oui, il fait une chaleur épouvantable dans la sacristie.

   4. — ....
     —Bien sûr, le père de la mariée est très riche.

   5. — ....
     —Non, allons d'abord voir les cadeaux.

V. Vocabulaire. Dans les phrases suivantes, mettez le mot qui convient dans l'espace vide. Choisissez un mot de cette liste.

rejoindre	la sacristie	aimé
le remerciement	défiler	murmurer
un amateur	gâté	réjouir
reconnaissant	la politesse	goûté
aimable	le décorateur	déposer
un antiquaire	la chapelle	bredouiller

1. Quand on vous fait un cadeau, vous envoyez un mot de ....

2. Le 14 juillet, les soldats .... sur les Champs Elysées.

3. Il est tellement ému qu'il ....

4. Les parents de la mariée reçoivent les invités à la ....

5. Après la messe, venez nous .... au restaurant.

6. Vous nous invitez à dîner? Vous êtes bien ....

7. Ils m'ont rendu un grand service. Je suis tout à fait ....

8. J'ai trouvé une magnifique chaîne en or du 18ème siècle chez un ....

    ....

9. Ces enfants ont tout ce qu'ils désirent: ils sont trop ....

10. Son oncle est grand .... d'œuvres d'art. Il collectionne les objets rares.

VI. **Un mariage.** Décrivez la scène. Imaginez les conversations des personnes — ou leurs pensées. Utilisez les mots ci-dessous et le vocabulaire des chapitres 9 et 10.

la mariée · le marié · les félicitations · les remerciements · le cadeau · un amateur d'art · au fond de · la statue · le service à porto · la bonbonnière en argent · se précipiter · se tenir par la main · se serrer la main · s'embrasser · le collier en or · la nappe · tirer (*to pull*)

....
....
....
....
....
....
....
....
....
....
....
....
....
....

Nom: ....

Date: ....

Première partie: exercices oraux

Faites ces exercices au laboratoire, sans cahier. Ecoutez le speaker, répondez aux questions, faites les transformations et les traductions.

Deuxième partie: exercices oraux / écrits

Faites le travail de cette partie au laboratoire, avec votre cahier.

I. Prononciation.

1. Le son / y /. Le son / y / est écrit **u**. Arrondissez et projetez les lèvres comme pour prononcer **ou** / u /. Avec les lèvres dans cette position, essayez de prononcer un / i /. Le résultat est / y /.

tu	sûre
fumes	mur
lune	prune

2. Contrastez:

/ i /	/ y /	/ u /
si	su	sous
ti	tu	tout
lit	lu	loup
mi	mu	mou
fit	fut	fou

3. Les orthographes **ui** et **oui**. Le groupe **ui** / yi / est prononcé à partir de **u** / y /. Le groupe **oui** / wi / est prononcé à partir de **ou** / u /.

   Contrastez:

/ yi /	/ wi /
lui	Louis
enfui	enfoui
nuit	inouï

4. Les orthographes **ué** et **oué**. Il y a la même différence entre ces groupes qu'entre **ui** et **oui**. Pour **ué** / ye / on part de **u** / y /. Pour **oué** / we /, on part de **ou** / u /.

Contrastez:

/ ye /	/ we /
suer	souhait
buée	bouée
tué	troué
ruelle	rouelle

Répétez en contrastant:

lueur	loueur
tua	troua

5. Prononciation des subjonctifs.

a. / ɛ /.

que j'aie	qu'il ait
que tu aies	qu'ils aient

Attention: que vous ayez / eje /

b. / aj /.

que j'aille	qu'ils aillent
que tu ailles	de l'ail (*garlic*)
qu'il aille	

Attention: que vous alliez / alje /

c. / wɑjj /.

croyions	croyiez
voyions	voyiez

6. Mots difficiles.

cueillir	rejoigne
clown	asthme
seringue	éther
s'éparpillent	interviewe
humour	humeur

II. **Dictée de sons.**   Le speaker prononce un mot. Vous choisissez et vous encerclez *(circle)* le mot que vous entendez. Le speaker vous donne la réponse.

	(1)	(2)	(3)
1.	ayez	alliez	aille
2.	aile	aille	aient
3.	bruit	brouille	buis
4.	souhait	souille	suer
5.	buée	bouée	boue

III. Dictée. Le speaker lit la dictée deux fois. La première fois vous écoutez. La deuxième fois, écrivez!

....

....

....

....

....

....

....

....

....

....

....

....

....

....

Troisième partie: exercices écrits

I.   Formes du subjonctif présent et passé.   Donnez le présent et le passé du subjonctif des verbes suivants.

MODÈLE: j'entends   *que j'entende*   *que j'aie entendu*

1.   tu viens ....

2.   vous allez ....

3.   nous parlons ....

4.   il finit ....

5.   je peux ....

6.   elle sait ....

7.   nous voulons ....

8.   ils prennent ....

9.   je fais ....

10.   tu arrives ....

11.   elle a ....

12.   nous sommes ....

13. il pleut   ....

14. vous choisissez   ....

15. ils vendent   ....

II. Emploi de l'indicatif ou du subjonctif.   Récrivez les phrases suivantes avec le verbe suggéré.

1. Il arrivera à l'heure .

   (j'espère) ....

   (je doute) ....

2. Vous vous couchez tard.

   (elle ne veut pas) ....

   (nous pensons) ....

3. Ses parents la laisseront vivre seule à 18 ans.

   (il est probable) ....

   (il est possible) ....

4. Les étudiants font des phrases magnifiques.

   (le professeur adore) ....

   (le professeur croit) ....

5. Nous ne pouvons pas sortir ce soir.

   (c'est dommage) ....

   (c'est évident) ....

6. Vous êtes venus à notre soirée par obligation.

   (j'ai l'impression) ....

   (je suis désolé) ....

III. Emploi du subjonctif passé.   Combinez les groupes suivants en une seule phrase.

       MODÈLE: Je suis contente / **vous avez fini** de vous plaindre.
                 *Je suis contente **que vous ayez fini** de vous plaindre.*

1. Il est possible / il s'est trompé d'adresse. ....

   ....

2. Je doute / elle a oublié. ....

   ....

3. Attendez / nous avons terminé. ....

   ....

4. C'est dommage / ils ont divorcé. ....

   ....

5. Elle regrette / vous êtes parti sans l'attendre. ....

   ....

6. Le professeur exige / nous écrivons nos rédactions au stylo. ....

IV. Le subjonctif avec des conjonctions. Complétez les phrases suivantes.

1. Bien qu'elle (avoir) .... un emploi absorbant elle a le temps d'écrire des poèmes.

2. Nous sortirons à moins qu'il (faire froid). ....

3. Ils ont couru jusqu'à ce qu'ils (ne pouvoir) .... plus respirer.

4. La vedette se cache de peur qu'on l'(interviewer).. .

5. Ils sont partis sans qu'on les (voir) ....

6. Il travaille avant que le dîner (être) .... prêt.

V. Vocabulaire. Dans les phrases suivantes, mettez le mot qui convient dans l'espace vide. Choisissez un mot de cette liste.

la loge	mentir	s'éparpiller
la caisse	l'humour	un terrain
la douceur	renoncer	une interview
l'humeur	cueillir	faire une piqûre
se droguer	la terre	la désapprobation
s'occuper	s'emparer	faire une prière

1. Si vous ne dites pas la vérité, vous ....

2. Beaucoup de jeunes gens .... à la marijuana, à la cocaïne.

3. Ils cherchent .... pour faire construire une maison.

4. Nous sommes allés à la campagne et nous avons .... des fleurs sauvages et des chardons.

5. J'ai fait tomber ma boîte de peinture et tout .... par terre.

6. Ce chien n'a pas bon caractère. Il semble toujours de mauvaise ....

7. L'artiste se maquille et s'habille dans sa ....

8. Si je fais quelque chose de mal, mes parents me regardent avec ....

9. Je suis entré dans la chapelle et .... à l'intention de mon professeur qui est malade.

10. Cet artiste répond toujours avec .... aux questions indiscrètes des reporters.

Nom: ....

Date: ....

Première partie: exercices oraux

Faites ces exercices au laboratoire, sans cahier. Ecoutez le speaker, répondez aux questions, faites les transformations et les traductions.

Deuxième partie: exercices oraux / écrits

Faites le travail de cette partie au laboratoire, avec votre cahier.

I. Prononciation.

1. L'enchaînement vocalique consiste à lier *(carry on)* les sons de deux ou plusieurs voyelles successives. On n'arrête pas la voix entre les voyelles.

Voilà Anne.	/ vwalaan /
André a un rhume.	/ eaœ̃ /
Elle a eu un bébé.	/ ayœ̃ /
Là-haut à la montagne.	/ ɑoa /
Il a eu une idée.	/ ayy /
lundi à onze heures	/ iaõ /
en mai et en juin	/ eeã /

2. L'enchaînement consonantique. On applique le principe de la syllabation au groupe de mots. **Avec amour** divisé en syllabes est prononcé **a-ve-ca-mour.** On prononce la dernière consonne d'un mot avec la première syllabe du mot suivant, sans arrêter la voix.

avec amour	/ avɛk-amuʀ /
Il a peur.	/ i-la-poeʀ /
Elle est là.	/ ɛ-lɛ-lɑ /
Il étudie.	/ i-le-ty-di /
quatre ans	/ ka-tʀã /
le peuple américain	/ lə-poe-pla-me-ʀi-kɛ̃ /
Quelle idée!	/ kɛ-li-de /

3. Les sons / œ̃ / et / ɔm /. Le son / œ̃ / de l'article **un** se retrouve dans quelques mots communs, écrits **un** ou **um.**

lundi	parfum	humble

   Dans quelques mots um se prononce / ɔm /.

rhum	maximum	minimum

On prononce **un** différemment de **in** surtout dans des mots très proches.

Contrastez:

/ œ̃ /	/ ɛ̃ /
brun (*brown*)	brin (*weed*)
d'un	daim (*deer*)
défunt (*decreased*)	des fins (*some ends*)
à jeun (*without breakfast*)	Agen (*French city*)
Mœung (*French city*)	main
à lundi	Alain dit

Contrastez:

un / œ̃ /	une / yn /
chacun	chacune
les uns	les unes
aucun	aucune
brun	brune
importun	importune

Contrastez:

un, um / œ̃ /	ume / ym /
parfum	parfume
brun	brune
les embruns	embrume

4. Les groupes **Je ne, je le, je ne le, il ne.**

a. **Je né** = / ʒœn / dans

Je né sais pas.
Je né peux pas.
Je né veux pas.
Je né pense pas.
Je né dis pas.

b. **Je lé** = / ʒœl / dans

Je lé sais.
Je lé peux.
Je le veux.
Je lé pense.
Je lé dis.

c. **Je né le** = / ʒœnlə/ dans

Je né le sais pas.
Je né le peux pas.
Je né le veux pas.
Je né le pense pas.
Je né le dis pas.

d. **Il ne, ellé ne =**
/ ilnə/, / ɛlnə/ dans

Il ne sait pas.	Elle ne sait pas.
Il ne peut pas.	Ellé ne peut pas.
Il ne veut pas.	Ellé ne veut pas.
Il ne pense pas.	Ellé ne pense pas.

5. **Pas de** se prononce / pɑd /.

pas dé chance	pas dé vacances
pas dé pain	pas dé mariage
pas dé travail	

6. Mots difficiles.

controverse	plausible
roussi	rendement
asphyxie	peigne
éteindre	étreindre
étendre	entendre

II. Dictée de sons. Le speaker prononce un mot. Vous choisissez et vous encerclez *(circle)* le mot que vous entendez. Le speaker vous donne la réponse.

	(1)	(2)	(3)
1.	éteindre	étendre	entendre
2.	fou	feu	font
3.	brun	brin	brune
4.	dessous	déçu	dessus
5.	rond	rhume	rhum

III. Poème. Le speaker lit le poème. Ecoutez le poème, lu en entier, puis répétez après chaque pause.

Rondeau

Le temps a laissé son manteau
De vent, de froidure et de pluie,
Et s'est vêtu de broderie,
De soleil luisant, clair et beau.

Il n'y a bête ni oiseau
Qu'en son jargon ne chante ou crie:
Le temps a laissé son manteau
De vent, de froidure et de pluie.

Rivière, fontaine et ruisseau
Portent en livrée jolie
Gouttes d'argent d'orfèvrerie,
Chacun s'habille de nouveau.

Le temps a laissé son manteau.

Charles d'Orléans (1381–1465)

la froidure cold weather   **s'est vêtu** (de **se vêtir**) = **s'habiller la broderie**   embroidery
luisant brilliant, shining   **le ruisseau** stream   **la livrée** livery   **la goutte** drop   **l'orfèvrerie** gold plate

Troisième partie: exercices écrits

I. Formes de la négation. Répondez aux questions à la forme négative.

1. Aimez-vous quelqu'un? ....
   ....

2. Avez-vous acheté quelque chose au marché aux Duces? ....
   ....

3. Allez-vous quelquefois faire du ski? ....

    ....

4. Est-ce que vous m'avez tout raconté? ....

    ....

5. Avez-vous beaucoup de loisirs? ....

    ....

6. Etes-vous déjà fatigué? ....

    ....

7. Avez-vous encore faim? ....

    ....

8. Est-ce que quelqu'un vous a vu entrer? ....

    ....

9. Avez-vous le désir de sortir ce soir? ....

    ....

10. Est-ce que quelque chose vous plaît? ....

    ....

II. Place de la négation.   Mettez la négation indiquée entre parenthèses dans les phrases ci-dessous.

1. Il aime le jazz et la musique classique. (ne . . . ni . . . ni . . .) ....

    ....

2. Ils ont rencontré. (ne . . . personne) ....

    ....

3. Elle a eu du chagrin. (ne . . . aucun) ....

    ....

4. Vous vous êtes ennuyé. (ne . . . pas beaucoup) ....

    ....

5. Tu as vu ce film? (ne . . . jamais) ....

    ....

6. Jacques et Paul nous ont écrit. (ne . . . ni . . . ne) ....

    ....

7. Elle a compris. (ne . . . pas encore) ....

    ....

III. Négations composées.   Introduisez les négations combinées dans les groupes suivants.

1. Elle entend. (jamais . . . rien) ....

    ....

2. Racontez (à). (rien . . . personne) ....

    ....

3. Je dirai (à). (plus . . . rien . . . personne) ....

....

4. Nous irons à ce supermarché. (jamais . . . plus) ....

....

IV. Only = ne . . . que / seulement, seul. Introduisez l'expression **ne . . . que,** ou **seul, seulement** dans les phrases suivantes.

MODÈLE: Je bois de l'eau.
*Je **ne** bois **que** de l'eau.*

1. J'ai lu un roman de Sartre. ....

....

2. Il mange des légumes. ....

....

3. Il travaille trois jours par semaine. ....

....

4. Elle se confie à son amie Anne. ....

....

5. Marie a compris le problème. ....

....

6. Il veut que vous l'écoutiez. ....

....

7. Trois semaines jusqu'aux vacances! ....

....

8. Qui a trouvé la réponse? Jeanne. ....

....

V. Vocabulaire. Dans les phrases suivantes, mettez le mot qui convient dans l'espace vide. Choisissez un mot de cette liste.

confondre	faire semblant	la grange
la querelle	éteindre	tout de suite
sentir le roussi	brûler	«De quoi s'agit-il?»
briller	étendre	«Qu'est-ce qu'il y a pour votre service?»
être assuré	le grenier	un tube
bien entendu	se disputer	le pompier

1. Le professeur a entendu les élèves qui se disputaient et a demandé: « ....

..................................?»

2. Les étudiants sont fatigués et .... d'écouter.

3. Y a l'feu!* Il faut .... l'incendie.

* **Y a l'feu! = Il y a le feu!** Fire!

73

4. Ma grand-mère a une grande maison. Dans le .... il y a des tas d'objets intéressants.

5. Ce chanteur rock a du succès. Toutes ses chansons sont des ....

6. Le casque des pompiers .... au soleil.

7. Après l'incendie, la maison ....

8. Je suis prête à partir. Vous venez? —... .

9. Ces deux petits garçons .... tout le temps. Il faut les séparer.

10. Georges a eu un accident. Heureusement il ....

VI. **Je n'ai qu'un ami.** Repondez aux questions posées sous le dessin. Utilisez la formule indiquée entre parenthèses.

1. Est-ce que cet homme a beaucoup de choses? (rien) ....

   ....

2. Quels meubles est-ce qu'il y a dans sa maison? (ne . . . que) ....

   ....

3. Qu'est-ce qu'il y a dans le frigidaire? (ne plus . . . rien) ....

   ....

4. Est-ce qu'il mange bien? (jamais . . . rien) ....

   ....

5. Est-ce qu'il dépense beaucoup d'argent pour ses vêtements et sa nourriture?

   (ne . . . guère, ni . . . ni) ....

   ....

6. Pourquoi est-ce qu'il s'éclaire à la bougie? (plus de) ....

   ....

7. Est-ce qu'il se lave souvent? (jamais) ....

   ....

8. Pourquoi? (avoir le temps, ne . . . pas) ....

   ....

9. Est-ce qu'il a beaucoup d'amis? (ne . . . que le chien) ....

   ....

10. Quels sont ses sentiments? Est-ce qu'il se sent aimé? (personne . . .) ....

    ....

Nom: ....

Date: ....

Première partie: exercices oraux

Faites ces exercices au laboratoire, sans cahier. Ecoutez le speaker, répondez aux questions, faites les transformations et les traductions.

Deuxième partie: exercices oraux / écrits

Faites le travail de cette partie au laboratoire, avec votre cahier.

I. Prononciation.

1. La terminaison **-er.**

   a. La terminaison **-er** est prononcée / e / dans tous les verbes du 1er groupe, dans la majorité des noms et des adjectifs.

manger	boucher
aller	léger
donner	premier
boulanger	dernier
épicier	

   La terminaison **-er** est prononcée / εR / dans les mots suivants.

amer	*(bitter)*	fer *(iron)*
cancer		fier
cher		hiver
cuiller	*(spoon)*	hier
enfer	*(hell)*	mer
éther		ver *(worm)*

   et dans les mots étrangers suivants.

Esther	reporter
Jupiter	revolver
gangster	starter

   La terminaison **-er** est prononcée / œR / dans les mots suivants.

leader	steamer

2. Les terminaisons **-tre, -dre, -pre, -bre, -fre, -vre.** Si ces terminaisons sont à l'intérieur d'un groupe, il y a un enchaînement avec la voyelle du mot suivant.

votre enfant	octobre à Paris
répondre au téléphone	offre un verre
un propre à rien	

Si ces terminaisons sont à la fin d'un groupe, elles sont chuchotées *(whispered)*.

c'est le vôtre	en septembre
il faut répondre	c'est propre
c'est une jolie chèvre	tu en offres

Le **-r** final est muet dans les mots suivants.

monsieur / məsjø /   messieurs / mesjø /   gars / gɑ /

3. Le **-l** final.

    a. Le **-l** final est généralement prononcé.

        seul   bol   mal

    b. Le **-l** final n'est pas prononcé dans les mots suivants.

poul$ *(pulse)* / pu /	cul de sac / kydsak /
saoul *(drunk)* / su /	Renault / ʀeno /

    c. La finale **-il** après une consonne est prononcé / il /.

il	fil *(thread)*
cil *(eyelash)*	fils *(threads)*
Nil *(Nile)*	

    d. La finale **-il** est prononcé / i / dans les mots suivants.

gentil	outil *(tool)*
fusil *(gun)*	sourcil *(eyebrow)*
nombril *(navel)*	persil *(parsley)*

        Attention: fils *(son, sons)* = / fis /

    e. La finale **-ille** après une consonne est prononcée / ij /.

        fille   famille   gentille

    f. La finale **-ille** après une consonne est prononcée / il / dans les mots suivants.

ville	mille
Lille	tranquille
Gilles	

    g. Les finales **-il** et **-ille** après une voyelle sont prononcée / j /.

deuil / dœj /	paille / paj /	soleil / sɔlɛj /
œil / œj /	muraille / myʀaj /	pareil / paʀɛj /
feuille / fœj /	Versailles / vɛʀsaj /	merveille / mɛʀvɛj /

4. Mots difficiles.

pavillon de banlieue	veille-vieille
Prunelle	dépareillés
pulls	salière
plier-piller	psycho-pédiatre

II. **Dictée de sons.** Le speaker prononce un mot. Vous choisissez et vous encerclez *(circle)* le mot que vous entendez. Le speaker vous donne la réponse.

	(1)	(2)	(3)
1.	aller	à l'air	à l'heure
2.	(il est) fier	(se) fier	faire
3.	lit d'air	leader	laideur
4.	poule	pouls	pôle

5. outil   ont-ils   a-t-il

6. saoule   saule   saoul

III. Dictée. Le speaker lit la dictée deux fois. La première fois, vous écoutez. La deuxième fois, écrivez!

....

....

....

....

....

....

....

....

....

....

....

....

....

....

Troisième partie: exercices écrits

I. Donnez l'infinitif présent et l'infinitif passé des verbes suivants.

MODÈLE: il **tendit**   *tendre*   *avoir tendu*

1. elle rejoignit
2. il fallait
3. tu descends
4. vous écrivez
5. nous avions pris
6. ils s'étaient arrêtés
7. je crois
8. il sourit
9. tu viens
10. elle vit

II. Dans les phrases suivantes, mettez la préposition qui convient, **à** ou **de**, ou ne mettez rien.

1. Nous préférons .... rester.
2. Elle a oublié .... venir.
3. Je tiens .... vous le dire.
4. Il passe son temps .... dormir.

5. Ce vin est bon .... boire.

6. Il n'est pas bon .... boire trop de vin.

7. C'est une chose facile .... comprendre.

8. Elle nous a invités .... dîner.

9. Elle paraît .... avoir compris.

10. Au lieu .... dormir, il regarde la télé.

11. Il vaudrait mieux .... penser à votre travail.

12. Essayez donc .... comprendre!

13. Il a demandé .... sortir.

14. Il lui a demandé .... sortir.

15. Tu as le temps .... lire?

16. Il y a une maison .... vendre au coin de la rue.

17. Ils sont obligés .... déménager.

18. J'espère .... vous revoir.

19. .... partir, c'est mourir un peu.

20. Elle s'est mise .... pleurer.

III. Complétez les phrases suivantes avec les verbes **faire, regarder, laisser.**

MODÈLE: elle **fait** / les enfants (dormir)
*Elle **fait dormir** les enfants.*

1. Janine travaille dans un jardin d'enfants. Tous les jours elle fait

   les enfants jouent / ils dessinent / ils colorent des images ....

   ....

   ....

2. Elle regarde

   les enfants courent / ils sautent et dansent / ils font des pâtés de sable ....

   ....

   ....

3. Plus tard elle fait

   les plus petits font une sieste / les plus grands écoutent de la musique ....

   ....

   ....

4. Enfin elle laisse

   tout le monde crie / chante ....

   ....

   ....

5. Le soir elle est tellement fatiguée qu'elle ne peut plus rien faire elle-même. Elle fait

son mari prépare le dîner / ses enfants font la vaisselle ....

....

....

6. Sa famille laisse

elle se repose / elle regarde la télé ....

....

....

IV. **Le nouveau secrétaire.** Mme Buron a des difficultés avec son nouveau secrétaire. Combinez les phrases de gauche avec un groupe de droite.

.... 1. Le secrétaire oublie   a. il bavarde avec les autres employés

.... 2. Il préfère   b. il tape assez vite

.... 3. il refuse   c. il lui sert du café

.... 4. il n'arrive pas   d. il poste ses lettres

.... 5. il fait semblant   e. il range les dossiers

.... 6. il néglige   f. il travaille

.... 7. Mme Buron essaie   g. elle diminue son salaire

.... 8. elle menace   h. elle l'a engagé

.... 9. elle regrette   i. elle renvoie

.... 10. elle finit par   j. elle trouve un autre secrétaire

.... 11. elle décide   k. elle est patient

V. **Vocabulaire.** Dans les phrases suivantes, mettez le mot qui convient dans l'espace vide. Choisissez un mot de cette liste.

un associé	le congélateur	un avis
le bloc	interdire	le panier à linge
malgré	mépriser	tandis que
la récompense	le cahier de textes	la bougie
entasser	un autocollant	au moins
ramasser	au hasard	confier

1. Nicole est très désordonnée. Elle laisse ses vêtements sales par terre au lieu de les mettre

dans ....

2. Michel n'a pas pu faire ses devoirs parce qu'il avait oublié son ....

....

3. Une équipe de volontaires .... tous les vieux papiers et les **boîtes** de conserve qui traînaient dans la rue.

4. Mon père a dû partir très vite en voyage: il .... quelques vêtements dans une valise et il a pris l'avion.

5. Quand je pars en vacances, je .... mon chat adoré à ma voisine.

6. Notre chien a disparu. Nous mettons une annonce dans le journal avec promesse d'une forte

....

7. Les parents de Patrick sont très laxistes; .... les parents de Philippe sont plutôt stricts.

8. Pendant mon absence, mon cousin architecte a laissé la direction de son agence à son ....

9. Bernadette a mis des .... partout sur sa voiture.

10. Denise attrape des livres .... sur l'étagère et les met dans sa musette.

Nom: ....

Date: ....

Première partie: exercices oraux

Faites ces exercices au laboratoire, sans cahier. Ecoutez le speaker, répondez aux questions, faites les transformations et les traductions.

Deuxième partie: exercices oraux / écrits

Faites le travail de cette partie au laboratoire, avec votre cahier.

I. Prononciation.

1.   **E** muet au commencement d'un mot ou d'un groupe de mots.   **E** est généralement prononcé.

   D̲emain, nous partirons. R̲egarde.

2.   **E** muet à l'intérieur d'un mot.   **E** muet n'est pas prononcé entre deux consonnes.

sam̸edi	(2 consonnes: **m-d**)
mad̸emoiselle	(2 consonnes: **d-m**)

   E est prononcé si on a plus de deux consonnes.

vendr̲edi	(3 consonnes: **dr-d**)
probabl̲ement	(3 consonnes: **bl-m**)

3.   **E** muet dans un groupe de mots.   **E** tombe entre deux consonnes, et reste si on a plus de deux consonnes.

   Contrastez:

pas d̸e pain	/ dp /	les pommes d̲e terre	/ mdət /
trop d̸e sucre	/ ds /	pour l̲e chat	/ ʀləʃ /
tout l̸e temps	/ lt /	avec d̲e l'argent	/ kdəl /

4.   **E** muet au futur.   **E** tombe entre deux consonnes, et reste si on a plus de deux consonnes.

   Contrastez:

j'aim̸erai	/ mʀ /	je montr̲erai	/ tʀəʀ /
tu donn̸eras	/ nʀ /	vous rentr̲erez	/ tʀəʀ /
vous s̸erez	/ sʀ /	ils f̲eront	/ lfəʀ /

EXERCICE. Décidez si le **e** muet tombe ou s'il ne tombe pas dans les mots et les groupes suivants. Le speaker vous donne la réponse. Répétez après le speaker.

	OUI	NON
j'ai le temps	....	....
il arrivera	....	....
un appartement	....	....
généralement	....	....
vous ferez	....	....
source de malentendus	....	....
rapidement	....	....
montrera	....	....
m'appellera	....	....
un port de pêche	....	....
du coin de l'œil	....	....
donneront	....	....

5. Le son / RR /. Certain futurs qui ont deux **r** dans leur orthographe, ou parce qu'un **e** muet tombe dans la prononciation, contiennent la géminée **rr**. On prononce comme un / R / un peu plus fort.

Contrastez:

/ R /	/ RR /
je courais	je courrai
tu mourais	tu mourras
il éclaira	il éclair⌀ra
vous serrez	vous serr⌀rez

6. Le group **-ess.** **Ess** se prononce / εs / dans certains mots.

essence   messe
essentiel   cesse
fesse

Ess se prononce / əs / dans certains mots.

ressembler   dessous
resserrer   dessus

7. Mots difficiles.

terminal d'ordinateur   rabâchage
révolution de la technologie   rythme
écoles confessionnelles   comptabilité
fondamentalement

II. **Dictée de sons.** Le speaker prononce un mot. Vous choisissez et vous encerclez (*circle*) le mot que vous entendez. Le speaker vous donne la réponse.

	(1)	(2)	(3)
1.	guerre	gare	gars
2.	l'ennui	la nuit	la nouille
3.	l'œil	l'ail	La Haye

4.	le ton	le temps	l'attend
5.	âme	armes	homme
6.	Provence	Province	Provins

III. Poème. Le speaker lit le poème. Ecoutez le poème lu en entier, puis répétez après chaque pause.

Un jour tu verras...

Un jour tu verras,
On se rencontrera
Quelque part, n'importe où
Guidés par le hasard.

Nous nous regarderons
Et nous nous sourirons
Et la main dans la main
Par les rues nous irons.

Le temps passe si vite
Le soir cachera bien
Nos cœurs, ces deux voleurs
Qui cachent leur bonheur.

Puis nous arriverons
Sur une place grise
Il y aura un bal
Très pauvre et très banal

Puis je t'inviterai
Ta taille je prendrai
On dansera tranquilles
Loin des gens de la ville.

Un jour tu verras,
On se rencontrera
Quelque part, n'importe où
Guidés par le hasard.

Nous nous regarderons
Et nous nous sourirons
Et la main dans la main
Par les rues nous irons.

Charles Aznavour*

Troisième partie: exercices écrits

I. Formes du futur et du futur antérieur. Mettez les verbes suivants au futur, puis au futur antérieur.

MODÈLE: vous brunissez
*vous **brunirez***
*vous **aurez bruni***

*Une chanson par Charles Aznavour (Paris: © Nouvelles Editions Méridian).

1. ils viennent ....
2. tu réponds ....
3. elle montre ....
4. j'entre ....
5. nous dormons ....
6. c'est ....
7. ils se regardent ....
8. vous venez ....
9. il va ....
10. j'envoie ....
11. nous ne savons pas ....
12. tu veux ....
13. elles écrivent ....
14. vous pouvez ....

II. Emploi du futur. Ecrivez les phrases suivantes au futur.

MODÈLE: Quand il **part**, je **pleure**
*Quand il **partira**, je **pleurerai**.*

1. Quand le peuple n'est pas content, il fait la révolution. ....
....
....

2. Il faut dire bonjour, quand le professeur entre. ....
....

3. Tu vois ce qui se passe? ....
....

4. Elles viennent dimanche. ....
....

5. Il s'assoit dans l'herbe et il s'endort. ....
....

6. Quand tu vois un coucher de soleil, est-ce que cela te fait plaisir? ....
....

III. Formes et emploi du futur. Mettez les verbes indiqués au temps qui convient dans le texte suivant.

cueillir	se lever	il faut
cultiver	avoir	vouloir
prendre	pouvoir	faire
se mettre	être	finir
courir	ça vaut	manger
aller	mourir	

Un professeur pense à la retraite. Il se dit: « Quand je .... à la retraite, je

.... enfin me reposer. Je n'... pas besoin de me

dépêcher; je .... tard le matin, je n'... plus faire mes

cours; je ne .... plus pour attraper l'autobus. Je ne ....

plus en colère contre les élèves. Je .... mon temps; je ....

mon jardin; je .... mes roses et je .... mes fraises. Et puis

quand mes enfants .... leurs études, j'... de l'argent

pour voyager, si je ne .... pas malade bien entendu. Je

.... ce que je .... Bien sûr, ...

penser à la mort ; je .... un jour, comme tout le monde. Mais en attendant,

.... la peine. Vivement la retraite! (*May retirement come soon!*)»

IV. *Quand* + **le futur et** *Si* + **le présent.** Répétez les phrases suivantes en mettant (1) **quand** + le futur et (2) **si** + le présent devant le premier verbe.

MODÈLE: Il a un ami, il est heureux.
*Quand il **aura** un ami, il **sera** heureux.*
*S'il **a** un ami, il **sera** heureux.*

1. Tu viens, je suis contente.

   Quand ....

   Si ....

2. Il pleut, nous rentrons.

   Quand ....

   Si ....

3. Il fait beau, nous allons à la plage.

   Quand ....

   Si ....

4. Elle pleure, nous la consolons.

   Quand ....

   Si ....

5. Je réussis à mon examen, j'ai de la chance.

   Quand ....

   Si ....

V. Concordance des temps.   Transformez les phrases suivantes. Changez les temps des verbes selon la concordance des temps avec **quand** et d'autres expressions de temps.

MODÈLE: Quand j'**ai gagné** de l'argent, je le **mets** à la banque.
*Quand j'**avais gagné** de l'argent, je le **mettais** à la banque.*
*Quand j'**aurai gagné** de l'argent, je le **mettrai** à la banque.*

1. Lorsque le professeur (expliquer) la question pour la vingtième fois, les étudiants (comprendre) enfin. ....

   ....

   ....

   ....

2. Dès que les enfants (rentrer) de l'école, la maman (servir) le dîner. ....

   ....

   ....

   ....

3. Après que l'orateur (terminer) son discours, le public (applaudir). ....

   ....

   ....

   ....

4. Aussitôt qu'elle (apprendre) la nouvelle, elle (se mettre) à pleurer. ....

   ....

   ....

   ....

VI. Rêves d'avenir. Finissez les phrases avec des futurs.

1. Si je gagne à la loterie ....

   ....

2. Si tu réussis à ton examen ....

   ....

3. Si son père lui prête son ordinateur ....

   ....

4. Si vous trouvez du travail cet été ....

   ....

5. Si je rencontre l'âme-sœur *(my soul mate)* ....

   ....

VII. Vocabulaire. Dans les phrases suivantes, mettez le mot qui convient dans l'espace vide. Choisissez un mot de cette liste.

une grande personne	la confection	une opération
grâce à	se rendre à	faire l'affaire
à domicile	consacrer	un débouché
démontrer	les pantouffles	à son rythme
la comptabilité	un écran	distraire
un écolier	rabâcher	un ordinateur

1. Cette émission s'adresse aux enfants et aux ....

2. Ce pauvre professeur doit .... les mêmes choses tous les jours.

3. Je n'ai pas d'ordinateur, mais cette machine à écrire électronique ....

4. .... à d'excellentes recommandations, Gilles a pu obtenir un poste important.

5. Ma belle-sœur ne peut pas travailler dans un bureau. Elle travaille ....

6. Je n'aimais pas faire des .... j'ai acheté une calculatrice.

7. Le soir, j'enlève mes chaussures et je mets des ....

8. Tous les .... de France ont congé le mercredi.

9. Sur l'ordinateur, le texte apparaît sur ....

10. Régine a pris des cours de .... pour pouvoir travailler dans une banque.

VIII. Contrastes. Comparez les deux chambres, la chambre de Prunelle et la chambre de Marion. Imaginez les goûts et les habitudes de ces deux jeunes filles. Que feront-elles plus tard dans la vie?

la chaussette · les baskets · dépareillé · le tiroir · les affaires · un micro-ordinateur · ranger · l'armoire · la salière · la bougie · la mention · suspendre · la bibliothèque (*bookcase*) · plier · avoir l'esprit clair · une programmatrice · la recherche · rouler en boule (*roll up into a ball*) · le coussin · le désordre · ramasser · le tapis · une étagère (*shelf*)

....

....

....

....

....

....

....

....

....

....

....

....

....

Nom: ....

Date: ....

Première partie: exercices oraux

Faites ces exercices au laboratoire, sans cahier. Ecoutez le speaker, répondez aux questions, faites les transformations et les traductions.

Deuxième partie: exercices oraux / écrits

Faites le travail de cette partie au laboratoire, avec votre cahier.

I. Prononciation.

1. Le **-c** final.   Généralement on prononce **-c** à la fin d'un mot.

sec	duc
chic	en vrac
lac	sac
roc	

Le **-c** final n'est pas prononcé dans les mots suivants.

tabac	blanc
estomac	franc
banc	tronc

2. Le **-f** final.   Généralement on prononce **-f** à la fin d'un mot.

chef	œuf
chef-lieu	bœuf
neuf	serf
vif	

Exceptions: Le **-f** est prononcé **-v** en liaison dans les deux expressions: **neuf heures** et **neuf ans.**

Le **-f** final n'est pas prononcé dans les mots suivants.

clef	œufs
chef-d'œuvre	bœufs
Neufchâteau	cerf-volant *(kite)*
nerf	

3. Le **-s** final.   Le **-s** final est généralement muet (sauf en liaison; voir page 101). Le **-s** final est prononcé dans quelques mots.

    a. **-as** / ɑs /.

        as *(ace)*   vasistas
        hélas   Texas

    b. **-es** / ɛs /.

        Agnès   licence ès lettres

        Attention: express

    c. **-eps** / ɛps /.

        biceps   forceps

    d. **-is** / is /.

        bis   tennis
        fi̷l̷s   vis   *(screw)*
        maïs   Tunis
        oasis

    e. **-os** / os /.

        Albatros   Eros
        albinos   Calvados

    f. **-us** / ys /.

        autobus   Vénus
        terminus   campus

    g. **-ens** /ɑ̃s /.

        sens

    h. Autres finales en **-s.**

        Le mot **ours** *(bear)* se prononce / uʀs /.
        Les noms   **Reims** se prononce / ʀɛ̃s /.
                   Saint-Saëns se prononce / sɛ̃sɑ̃s /.
                   Rubens se prononce / ʀybɛ̃s /.
        Le mot **os** *(bone)* se prononce / ɔs / au singulier et
                                            / o / au pluriel.
        Le mot **mas** *(a farm in Provence)* se prononce / mɑs / ou / mɑ /.

4. La lettre **t.**   L'orthographe **t** se prononce / t /. L'orthographe **th** se prononce / t /.

    athée   théâtre

    a. Le **-t** final est généralement muet.

        tou̷t̷   aspe̷c̷t̷   respe̷c̷t̷

    b. Le **-t** final est prononcé dans les mots suivants.

        est   dot
        ouest   net
        sep̷t   zut
        huit   Proust
        brut   Brest
        chut

    c. Dans les mots suivants on a le choix.

        un but *(purpose)* / byt / ou / by /   août *(August)* / ut / ou / u /
        un fait *(fact)*   / fɛt / ou / fɛ /

92

d. Notez la prononciation de

asthme / asm /   isthme / ism /

e. Le **t** intérieur est généralement muet dans les composés de **Mont-**.

Mont̸martre   Mont̸réal

5. Mots difficiles.

Rihoit	les Etats-Unis
myosotis	je me réveillerais
Mitterrand	je me retournerais
Panthéon	ça serait comme ça

6. Prononciation des conditionnels. La différence entre le futur **j'irai** et le conditionnel **j'irais** est très faible. **J'irai** et toutes les 1ères personnes du singulier du futur sont prononcées avec un **e** fermé / e / très proche d'un **-i**. **J'irais** et tous les conditionnels en **-ais, -ait, -aient** sont prononcés avec un **e** ouvert / ɛ /. Dans la conversation, la différence ne s'entend pas. C'est le contexte qui indique si on a un futur *(I shall go)* ou un conditionnel *(I would go.)* Le conditionnel est accompagné d'une proposition avec **si**.

A la 1ère et à la 2ème personne du pluriel, on a les groupes **-rions** / ʀjõ/ et **-riez** / ʀje / pour tous les verbes.

nous irions	vous iriez
nous ferions	vous feriez
nous serions	vous seriez
nous parlerions	vous parleriez

II. Dictée de sons. Le speaker prononce un mot. Vous choisissez et vous encerclez *(circle)* le mot que vous entendez. Le speaker vous donne la réponse.

	(1)	(2)	(3)
1.	sens	sans	cents
2.	n'est	naît	net
3.	reins	Reims	rênes
4.	c'est rien	serions	sérieux
5.	mince	messe	mas
6.	hausse	os	ose

III. Dictée. Le speaker lit la dictée deux fois. La première fois vous écoutez. La deuxième fois, ecrivez!

....

....

....

....

....

....

....

....

....

....

....

....

....

....

....

....

Troisième partie: exercices écrits

I. Ecrivez les verbes suivants au conditionnel présent et au conditionnel passé.

MODÈLE: nous **prenons** *nous **prendrions*** *nous **aurions pris***

1. vous entendez ....

2. tu vas ....

3. nous sommes ....

4. ils viennent ....

5. je montre ....

6. ils applaudissent ....

7. je ne peux pas ....

II. Dans le paragraphe suivant, mettez les verbes au temps convenable: imparfait et conditionnel présent.

Un jeune homme rêve: « Si un jour je (pouvoir) .... réaliser mon rêve, je (créer) .... une communauté. Chacun (travailler) .... dans sa spécialité et (produire) .... quelque chose pour l'usage de tous. (Il y a) .... ceux qui (cultiver) .... la terre; ceux qui (fabriquer) .... des vêtements, des chaussures, des objets d'art; d'autres (aller) .... vendre à la ville les produits de la communauté et avec l'argent (acheter) .... ce qu'on ne (pouvoir) .... pas fabriquer. Nos besoins (être) .... simples et nous (se contenter) .... de peu. »

—Et toi, qu'est-ce que tu (faire) .... ?

—Moi, je (diriger) .... , je (commander) ....

III. Dans le paragraphe suivant, mettez les verbes au temps convenable: le plus-que-parfait ou le conditionnel passé.

Un homme d'affaires, à la fin de sa carrière, rêve: « Si je (savoir) .... , au lieu de devenir un homme d'affaires, je (devoir) .... choisir une carrière artistique. Je (ne pas avoir besoin) .... de tant travailler. Je (pouvoir) .... rêver, me lever tard. Je (faire) .... des peintures magnifiques que je (vendre) .... quand (il me faut) ....

de l'argent pour vivre. Si je (choisis) .... la vie d'artiste, je (ne pas avoir)

.... de tension *(high blood pressure)* maintenant. Ce (être)

.... merveilleux de vivre comme cela. »

IV. Mettez la forme qui convient du conditionnel présent ou du conditionnel passé du verbe **devoir** (forme positive ou forme négative).

1. Tu as raté ton examen? Tu .... étudier davantage, tu

.... regarder la télé tous les soirs, tu .... te coucher

plus tôt la veille.

2. Vous êtes trop grosse, madame, vous .... faire de la gymnastique, vous

.... suivre un régime, vous .... manger tant de pain

et tant de pommes de terre.

V. Certaines conséquences auraient pu être évitées, si les personnes suivantes avaient fait certaines choses. Combinez les groupes de la colonne de gauche avec un groupe de la colonne de droite suivant le modèle.

MODÈLE: Patrick a déchiré son jean   il est allé au supermarché
pour en acheter un autre.

Si Patrick avait déchiré son jean, il serait allé au supermarché
pour en acheter un autre.

1. Gabrielle et sa mère ont eu des amis à Montréal   a. il l'a épousée.

2. Vous avez été à la place de Prunelle   b. il est allé chez le coiffeur.

3. Marius a su que Fanny était enceinte   c. elle n'a pas souhaité avoir des jambes.

4. Daniel a eu les cheveux longs   d. vous avez dit merci à la femme de ménage?

5. La petite sirène n'est pas tombée amoureuse du prince   e. elles n'ont pas rendu visite au vieux cousin.

1. ....

....

2. ....

....

3. ....

....

4. ....

....

5. ....

....

VI. Vocabulaire. Dans les phrases suivantes, mettez le mot qui convient dans l'espace vide. Choisissez un mot de cette liste.

se consacrer	les ânes	se retourner dans sa tombe
les billets de banque	tant pis	les bandes dessinées
le pire est	en avoir marre	le règlement de comptes
résumer	le fantasme	la fantaisie
s'affirmer	les moutons	résumer
s'assurer	c'est comme ça	je n'en peux plus

1. La romancière essaie de recréer ses .... dans ses livres.

2. Sur les .... il y a des personnages historiques: Voltaire, Victor Hugo.

3. Jeanne d'Arc gardait ses .... quand elle a entendu des voix.

4. Au mois de juin, les enfants commencent à .... de l'école.

5. Les qualités de cet artiste .... depuis sa dernière exposition.

6. Il y a eu un .... entre gangsters dans les rues de Chicago.

7. La souris a quitté son trou. .... pour elle! Le chat n'est pas loin.

8. Si ta grand-mère te voyait, avec tes jeans et tes T-shirts, elle ....

9. Marie-Claire a dit à son mari: « Aide-moi à ranger l'appartement, ... !»

10. Cette écrivaine a beaucoup d'imagination et de ....

16

Nom: ....

Date: ....

Première partie: exercices oraux

Faites ces exercices au laboratoire, sans cahier. Ecoutez le speaker, répondez aux questions, faites les transformations et les traductions.

Deuxième partie: exercices oraux / écrits

Faites le travail de cette partie au laboratoire, avec votre cahier.

I. Prononciation.

1. Le -p final ou intérieur. P ne se prononce pas dans les mots suivants.

loup	septième
coup	baptême
drap	sculpter
temps	compter
champ	dompter

Le -p final se prononce dans les mots suivants.

cap   stop   croup

2. La lettre **x**. On prononce cette lettre généralement comme en anglais.

a. Le **x** se prononce / ks / dans les mots suivants.

taxi	Texas
vexer	Mexique
excellent	

b. Le **x** se prononce / gz / dans les mots suivants.

exact	exister
examen	exode
exagère	

c. Le **x** se prononce / s / dans les mots suivants.

Bruxelles   soixante   six   dix

d. Le **x** se prononce / z / dans les mots suivants.

deuxième	dixième
sixième	dix-huit

3. Le -g final.

    a. Le **-g** final est généralement muet.

       long   rang   poing   (*fist*)
       sang   doigt   coing   (*quince*)

    b. Le **-g** final est prononcé dans les mots suivants.

       grog   (*hot toddy*)   gag
       gang   gong / gɔ̃ / ou / gɔ̃g /.

4. Les groupes **gue, gua, gui.**

    a. Le groupe **gue** est prononcé / g /.

       fatigue   algue   langue   guenon

    b. Le groupe **guë** avec le tréma sur le **e** est prononcé / gy /.

       aiguë   / egy /   (*sharp*)

    c. Le groupe **gua** se prononce / gɑ /.

       fatigua   dragua   relégua

      Attention: Dans les mots suivants **gua** est prononcé / gwɑ /.

       Guadeloupe   jaguar

    d. Le groupe **gui** se prononce / gi /.

       gui   (*mistletoe*)   guirlande
       guitare   anguille

      Le groupe **gui** se prononce / gyi / dans les mots suivants.

       aiguille   (*needle*)   linguiste

5. Le **s** intérieur.   Le **s** intérieur ne se prononce pas dans les mots suivants et dans les relatifs.

       Deschamps   lesquels
       Mesnil   desquels

  Le **s** intérieur se prononce dans les mots suivants.

       resquiller   esquisser   presque

6. Le groupe **mn** se prononce / mn / dans les mots suivants.

       insomnie   somnifère   hymne
       somnambule   gymnastique

  Le groupe **mn** se prononce / n / dans les mots suivants.

       automne   condamner
       damner   condamnation

7. Le groupe **mm** se prononce / m / dans les mots suivants.

       immense   femme

  Attention: Parfois le premier **m** aide à former une voyelle nasale.

       immangeable   emmener   emménager

8. Mots difficiles.

       Françoise Giroud   côtelettes d'agneau
       essentiellement   l'argenterie
       aux Etats-Unis   un établissement
       un héros de Corneille   bien-pensant

II. Dictée de sons. Le speaker prononce un mot. Vous choisissez et vous encerclez *(circle)* le mot que vous entendez. Le speaker vous donne la réponse.

	(1)	(2)	(3)
1.	gang	gangue	gag
2.	vogue	vogua	vague
3.	aigue	aiguille	aiguë
4.	longue	long	longe

III. Dictée. Le speaker lit la dictée deux fois. La première fois vous écoutez. La deuxième fois, écrivez!

....

....

....

....

....

....

....

....

....

....

....

....

....

Troisième partie: exercices écrits

I. Formes des pronoms relatifs. Reliez les phrases données avec un pronom relatif (**qui, que, dont,** etc.).

MODÈLE: C'est un sujet. Il ne parle jamais de ce sujet.
*C'est un sujet **dont** il ne parle jamais.*

1. J'ai acheté un tableau. Il a reçu le prix de Rome. ....
   ....

2. Voilà un bon travail. Vous pouvez en être content. ....
   ....

3. Il a un frère. Il ne s'entend pas avec lui. ....
   ....

4. Elle boit beaucoup. Je trouve cela très déplaisant. ....
   ....

5. J'ai des amis. Parmi ces amis, il y a beaucoup d'étrangers. ....

    ....

6. Elle a perdu le livre. Je lui avais prêté ce livre. ....

    ....

7. Ils se sont perdus dans la montagne. Cela aurait pu être sérieux. ....

    ....

8. Dans un magasin j'ai vu un bijou. J'en ai envie. ....

    ....

9. C'est une plaisanterie. Je ne la trouve pas drôle. ....

    ....

10. Ils ont acheté une maison. Derrière cette maison il y a un grand jardin. ....

    ....

    ....

II. Une invitation. Dans le texte suivant mettez le pronom relatif qui manque.

La maison .... nous venons d'acheter est charmante. Elle a d'énormes

qualités, parmi .... la plus appréciable est son emplacement.

.... nous a séduits immédiatement, c'est le calme du quartier.

Nous avons emménagé mardi. Nous avons apporté tous nos meubles, ... la

plupart se trouvaient dans un garde-meubles depuis longtemps. Les anciens propriétaires,

.... quittaient la région, nous ont laissé beaucoup de choses, surtout des outils

de jardinage, ... nous apprécions beaucoup, car c'est souvent ruineux, quand

on change de maison, d'acheter tout .... manque, tout ....

on a besoin.

Nous montrons notre maison à .... veut la voir. Nous allons organiser une

petite soirée .... célèbrera notre acquisition de la nouvelle maison,

.... nous sommes si fiers. Venez donc jeudi, à l'heure ....

vous conviendra. Apportez .... vous voudrez.

III. Qui est-ce? Dans les paragraphes suivants, mettez le pronom relatif qui convient et devinez la personne qui est décrite. (Les réponses se trouvent au bas de la page 101.)

1. L'homme .... je parle a découvert un vaccin important,

    .... permet aux animaux domestiques, et aux humains de ne pas attraper

    une maladie .... autrefois était terrible, et .... on

    mourait, si on était mordu par un animal malade .... l'on rencontrait.

    ....

2. Cette actrice américaine, ... a déjà reçu plusieurs Oscars pour les films

    dans .... elle joue des rôles variés, est très belle. Un de ses derniers

    films, pour .... elle a reçu des critiques enthousiastes, se passe en

Afrique, un pays .... le personnage .... elle

représente a vécu longtemps. Je ne connais pas d'actrice .... la popularité

soit plus grande et au sujet de .... la critique soit unanime.

....

3. Cet homme a construit à Paris, ... il a vécu, un monument

.... est le symbole de cette ville, sur .... tous les

touristes veulent monter, ... on voit tout Paris en panorama, et

.... chacun aime avoir une petite reproduction.

....

4. C'est un jeune homme .... écrit et chante des chansons très populaires,

.... les disques se vendent par millions, ... l'on voit

souvent à la télé entouré de sa famille, ... les jeunes filles sont folles,

.... le Président a reçu à la Maison Blanche, et ....

porte un seul gant garni de diamants. ....

IV. Pendant / pour.   Dans les phrases suivantes, mettez le mot qui convient pour traduire *for*.

1. Françoise a vécu .... toute son enfance dans une propriété avec beaucop
de domestiques.

2. Sa famille louait une maison au bord de la mer .... l'été.

3. Son père avait été chargé d'une mission et partit .... plusieurs années aux
Etats-Unis.

4. La cuisinière a travaillé .... des heures pour réussir ce gâteau magnifique.

5. Elle est allée porter ses bijoux au clou .... trois mois.

6. Les pensionnaires restaient à la pension .... des semaines sans voir leurs
parents.

V. Vocabulaire.   Dans les phrases suivantes, mettez le pronom relatif qui convient et trouvez le mot
qui correspond à la définition.

1. La table du dîner était magnifiquement décorée: ...._{relatif} j'admirais le plus,

c'était ...._{nom}: les couverts, les fourchettes, les cuillères, les couteaux

d'argent.

2. Vous connaissez Pierre Cardin? C'est le ...._{nom} chez

..........................._{relatif} j'achéte tous mes vêtements: sa ...._{nom}

est située Rue St Honoré.

3. Cette femme, ..._{relatif} nous adorons les plats délicieux, passe son temps

devant son four (*oven*): c'est une bonne ...._{nom} .

4. Ce monsieur, ... je paie mon loyer tous les mois, est un
   relatif

   .... indulgent, quand je suis en retard.
   nom

5. Quand nous avons voyagé en Italie, nous sommes restés dans une sorte d'hôtel

   .... nous avions aussi nos repas; c'était
   relatif

   ....
   nom

6. Cette domestique, ... la plupart des gens pourraient bien se
   relatif

   passer, s'occupe des vêtements, de la toilette des gens riches: c'est

   ....
   nom

VI. **A la librairie.** Décrivez la scène. Imaginez les conversations des personnes — ou leurs pensées. Utilisez les mots ci-dessous et le vocabulaire des chapitres 15 et 16.

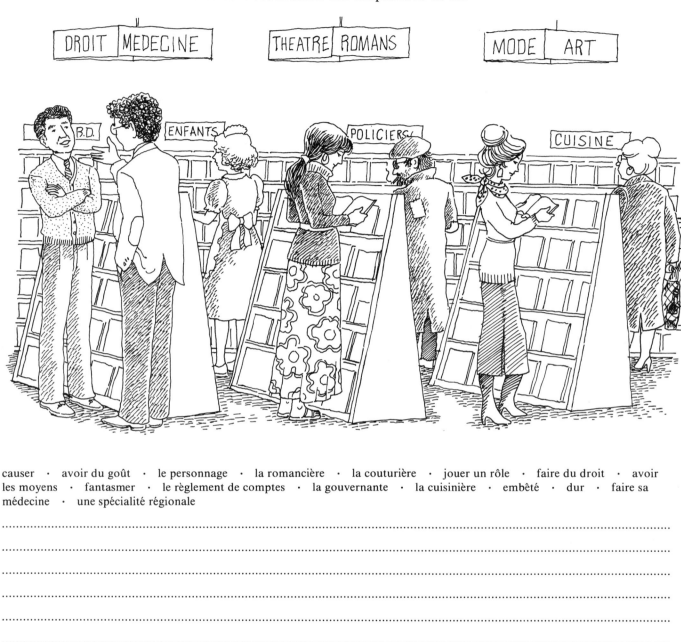

causer · avoir du goût · le personnage · la romancière · la couturière · jouer un rôle · faire du droit · avoir les moyens · fantasmer · le règlement de comptes · la gouvernante · la cuisinière · embêté · dur · faire sa médecine · une spécialité régionale

....
....
....
....
....
....
....
....
....
....
....
....
....

Nom: ....

Date: ....

Première partie: exercices oraux

Faites ces exercices au laboratoire, sans cahier. Ecoutez le speaker, répondez aux questions, faites les transformations et les traductions.

Deuxième partie: exercices oraux / écrits

Faites le travail de cette partie au laboratoire, avec votre cahier.

I. Prononciation.

1. L'intonation de la phrase déclarative. L'intonation de la phrase déclarative suit le schéma suivant.

    Ils sont partis en province.

    Répétez en imitant l'intonation du speaker.

    Les voitures d'enfant sont chères.

    Nous aimons la moutarde en tube.

    Elle a une chambre en location.

    Tu as fait la lessive.

    Ils habitent dans une H.L.M.

2. Intonation de la phrase interrogative. Il y a trois types d'intonation.

    a. Si la phrase interrogative est une ancienne déclarative terminée par un point d'interrogation, l'intonation est montante et suit le schéma suivant:

    Ils sont partis en province?

    Répétez en imitant l'intonation du speaker.

    Les voitures d'enfants sont souvent chères?

    Vous aimez la moutarde en tube?

    Elle a une chambre en location?

    Tu as fait la lessive?

    Ils habitent dans une H.L.M.?

b. Si la phrase interrogative est formée par inversion du sujet, et si on commence par **est-ce que,** on a une intonation descendante et la voix remonte sur la dernière syllabe selon le schéma suivant.

Sont-ils partis en province?

Est-ce qu'ils sont partis en province?

Répétez en imitant l'intonation du speaker.

Les voitures d'enfant sont-elles chères?

Aimez-vous la moutarde en tube?

A-t-elle une chambre en location?

As-tu fait la lessive?

Est-ce qu'ils habitent dans une H.L.M.?

c. Si la phrase interrogative commence par un mot interrogatif (**qui, que, où, comment,** etc.), la voix est haute sur ce mot, redescend, et remonte légèrement à la fin de la phrase, selon le schéma suivant:

Qui est le directeur de l'agence?

Répétez en imitant l'intonation du speaker.

Où avez-vous acheté cette voiture d'enfant?

Quelle sorte de moutarde préférez-vous?

Que faites-vous de cette chambre libre?

Pourquoi n'as-tu pas fait la lessive?

A quoi pensez-vous?

3. L'orthographe **qu.**

a. **qu** se prononce / k / dans certains mots.

qui	quatre
quand	quel
pour qu'il	

b. **qua** se prononce / kwa / dans certains mots.

quatuor	équateur
square	quadruple
équation	

c. **qui** se prononce / kчi / dans certains mots.

équidistant	équilatéral

4. L'orthographe **ch.**

a. **ch** se prononce / ʃ / dans certains mots.

chat	bronchite
chien	architecte
cheval	archives
chemise	

b. **ch** se prononce / k / dans les mots suivants.

chaos / kao /	psychanalyse
chœur	psychiatre
écho	psychologie
orchestre	Saint-Roch
orchidée	chronique
archaïque	

5. Mots difficiles.

psycho-sociologue	H.L.M.	
sondages-express	magnétophone	
interviewèrent	aspirateurs-traîneaux	
plats surgelés	qu'est-ce-que	qui est-ce que

II. Dictée de sons. Le speaker prononce un mot. Vous choisissez et vous encerclez (*circle*) le mot que vous entendez. Le speaker vous donne la réponse.

	(1)	(2)
1.	qu'est-ce que	qui est-ce que
2.	Rachel	Raquelle
3.	exprès	express
4.	Roche	Roch
5.	quatre	croître

III. Dictée. Le speaker lit la dictée deux fois. La première fois vous écoutez. La deuxième fois, écrivez!

....

....

....

....

....

....

....

....

....

....

....

....

....

....

....

....

Troisième partie: exercices écrits

I. Pronoms de choix. Remplacez les groupes en italiques par la forme du pronom de choix: **lequel, laquelle, lesquels.**

> MODÈLE: De ces livres, ... préférez-vous?
> *De ces livres, **lequel** préférez-vous?*

1. Voici *deux photos.* .... voulez-vous?

2. Nous avons *plusieurs voitures.* .... aimeriez-vous emprunter?

3. J'ai lu tous ses *romans.* —Ah! oui, ... a-t-on tiré ce film?

4. De tous *les appartements* que nous avons visités, ... allons-nous prendre?

5. Cette grand-mère adore *tous ses petits enfants,* mais .... pense-t-elle plus souvent?

6. .... *des deux coureurs* gagnera?

II. Mots interrogatifs. Dans ce texte remplacez les tirets par les mots interrogatifs.

est-il	comment	est-ce que
où	qu'est-ce qui	qui
de quoi	qu'est-ce que	que

Mon Dieu! Je ne trouve plus mon porte-monnaie. .... j'en ai fait? .... l'ai-je mis? Voyons. Je l'avais quand je suis allé au marché. .... je l'ai perdu? Ou bien, on me l'a volé? .... aurait pu me le prendre? .... allons-nous vivre tout le reste de la semaine? .... va dire mon mari? .... lui expliquer que nous n'avons plus un sou? Allons, cherchons bien. .... dans mon sac, dans mon panier à provisions? Non. Mais .... fait une bosse (*a bump*) dans la poche de mon manteau? Ah! Voilà, je l'ai trouvé!

III. Pronoms interrogatifs. Complétez les phrases suivantes avec un pronom ou un adjectif interrogatif.

> MODÈLE: .... vous a téléphoné
> ***Qui** vous a téléphoné?*

1. .... est-il devenu?

2. .... vous servez-vous pour écrire?

3. .... regardez-vous? —Un album de vieilles photos.

4. .... vous écoutez? —Un disque d'Aznavour.

5. .... pensez-vous? —Aux vacances.

6. .... est la différence entre une voiture française et une voiture américaine?

7. .... l'écologie?

8. .... votre père parlait-il?

9. .... fait ce bruit dans la rue? —Les camions.

10. .... a dit le professeur? —Rien.

IV. Pronoms interrogatifs. Faites une question pour les réponses suivantes. La question doit être posée à propos du mot en italique.

MODÈLE: Il a perdu *son argent*.
Qu'est-ce qu'il a perdu?

1. Ils attendent *l'autobus*. ....

2. *Mes amis* m'ont écrit. ....

3. *Les sciences* l'intéressent. ....

4. J'ai envie *d'un bon bifteck*. ....

5. Je veux acheter *une grosse voiture*. ....

6. Ils habitent *la grande* maison *à droite*. ....

7. Mon père est *mécanicien*. ....

8. C'est *le téléphone* qui sonne. ....

9. Elle sort *avec mon cousin*. ....

10. Il pense *à son avenir*. ....

11. Un diplodocus est *un animal préhistorique*. ....

12. *Manger et dormir* sont mes occupations préférées. ....

....

V. Vocabulaire. Dans les phrases suivantes, mettez le mot qui convient dans l'espace vide. Choisissez un mot de cette liste.

faire confiance	teindre	faire tenir
en sachets	les eaux minérales	les boissons alcoolisées
onctueuse	l'engrais	faire une confidence
tousser	les pâtes	un ordinateur
poudreuse	le briquet	les conserves
mousser	en boîtes	le magnétophone

1. Quand vous ...., il faut prendre un sirop.

2. Ma sœur met de la laque sur cheveux pour les ....

3. Moi, j'achète toujours de la bière ...., puis je recycle l'aluminium.

4. En France on allume sa cigarette avec .... plutôt qu'avec des allumettes.

5. Le professeur apporte toujours un .... en classe pour nous faire écouter des chansons.

6. Cette glace à la pêche, faite avec de la crème, est vraiment ....

7. Mon boucher me donne toujours les meilleurs morceaux. Je lui ....

8. Quand on fait une longue marche en montagne, il n'est pas recommandé de boire des ....

9. J'ai acheté une poudre à lessive qui .... beaucoup.

10. Pour avoir des plantes plus vertes, ajoutez .... à la terre.

Nom: ....

Date: ....

Première partie: exercices oraux

Faites ces exercices au laboratoire, sans cahier. Ecoutez le speaker, répondez aux questions, faites les transformations et les traductions.

Deuxième partie: exercices oraux / écrits

Faites le travail de cette partie au laboratoire, avec votre cahier.

I. **Prononciation. La liaison.** Il y a des liaisons obligatoires, des liaisons interdites et des liaisons facultatives.

1. Liaisons obligatoires. Une liaison se fait entre un mot inaccentué, généralement court (un article, un pronom sujet, un possessif, un auxiliaire de verbe, un adverbe, une préposition) et le mot qui suit.

a. Le son de liaison peut être / z /:

après **-s.**

les enfants	nous allons
des enfants	très intéressant
mes enfants	dans un sac

après **-x.**

deux ans	aux amis

après **-z.**

chez eux	allez-y!

b. Le son de liaison peut être / n / après **-n.**

un ami	on a
mon ami	il en a
aucun ami	

c. Le son de liaison peut être / t /:

après **-t.**

est-il	huit amis
sont-ils	tout étonné
petit ami	

après **-d.**

quand il pleut	un grand ami	second enfant

111

d. Le son de liaison peut être / R / après **-r.**

premier étage   dernier ouvrage

e. Le son de liaison peut être / f / ou / v / après **-f.**

neuf enfants / nœfãfã /   neuf heures / nœvœR /
neuf articles / nœfɑRtikl /   neuf ans / nœvã /

f. On fait la liaison dans des groupes figés (*fixed groups*).

de moins en moins   c'est-à-dire
de mieux en mieux   accent aigu
de plus en plus   avant hier
de temps en temps   comment allez-vous?
Les Champs-Elysées   mot à mot
Les Etats-Unis   il était une fois   (*once upon a time*)
pas à pas

2. Liaisons interdites. On ne fait pas la liaison:

a. entre un nom singulier et le mot qui suit.

un enfant / adorable   un sujet / intéressant   le chat / est entré

b. après un nom qui se termine par une nasale.

Jean / attend un taxi.

c. après **ils** et **elles** dans un verbe à la forme interrogative.

Sont-elles / arrivées?   Ont-ils / appris?

d. après la conjonction **et.**

il va et / il vient   Anne et / Yves

e. après un **h** aspiré.[1]

les / haricots   les / harengs   les / hasards
les / héros   des / hors d'œuvre   les / Hollandais
les / hiboux   les / hanches (*hips*)   les / hauteurs

f. après un nom pluriel dans un nom composé.

des salles / à manger   des metteurs / en scène

g. après **comment** interrogatif (sauf **Comment allez-vous?**).

Comment / avez-vous voyagé?

h. après **quand** interrogatif.

Quand / irez-vous à Paris?

EXERCICE. Indiquez si la liaison est faite ou non; puis prononcez le groupe. Le speaker vous donne la réponse. Répétez après le speaker.

MODÈLE: mes amis   (oui)   non   mes amis
           les haricots   oui   (non)   les / haricots

	OUI	NON
vos enfants	....	....
un soldat américain	....	....

---

[1]Un **h** aspiré est généralement indiqué par le dictionnaire.

en un mot	....	....
nous irons	....	....
quand il veut	....	....
en haut	....	....
dans un trou	....	....
les Halles	....	....
l'enfant aime	....	....
comment espérer	....	....
et ainsi	....	....
quand étudiez-vous?	....	....
neuf heures	....	....
premier âge	....	....
ces hommes	....	....
mes hanches	....	....

3. Liaisons facultatives. Les liaisons facultatives sont faites dans une lecture soignée, ou dans une façon de parler affectée, et en poésie. Dans la conversation courante on ne les fait pas.

langue soignée	*conversation*
a. après un nom pluriel.	
des enfants heureux	des enfants / heureux
b. après un auxiliaire.	
nous sommes allés	nous sommes / allés
je vais essayer	je vais / essayer
c. après **pas.**	
ils n'ont pas osé	ils n'ont pas / osé
vous n'êtes pas intéressé	vous n'êtes pas / intéressé
d. après les prépositions **après** et **avant.**	
après un bon repas	après / un bon repas
avant un voyage	avant / un voyage

4. Mots difficiles.

campagne	carrefour
compagne	hors d'œuvre
Bongrain	embouteillages
le pont de chemin de fer	René Goscinny

II. **Dictée de sons.** Le speaker prononce un mot. Vous choisissez et vous encerclez (*circle*) le mot que vous entendez. Le speaker vous donne la réponse.

	(1)	(2)	(3)
1.	genre	gendre	gens
2.	Marie	mariée	marée

3. fume   faim   femme

4. marraine   marin   marrant

5. compagne   campagne   qu'on peigne

III.   **Poème.**   Le speaker lit le poème. Ecoutez le poème, lu en entier, puis répétez après chaque pause.

Le Ciel est par-dessus le toit

Le ciel est, par-dessus le toit,
     Si bleu, si calme!
Un arbre, par-dessus le toit,
     Berce sa palme.

La cloche dans le ciel qu'on voit
     Doucement tinte.
Un oiseau sur l'arbre qu'on voit
     Chante sa plainte.

Mon Dieu, mon Dieu, la vie est là,
     Simple et tranquille.
Cette paisible rumeur-là
     Vient de la ville.

—Qu'as-tu fait, ô toi que voilà
     Pleurant sans cesse,
Dis, qu'as-tu fait, toi que voilà,
     De ta jeunesse?

Paul Verlaine

bercer to rock   **tinter** to ring   **paisible** peaceful

Troisième partie: exercices écrits

I.   Répétez les phrases suivantes au style indirect. Faites les transformations nécessaires.

     MODÈLE: Ils disent: «Nous partirons demain.»
               *Ils disent **qu'ils partiront** demain.*

1. Elle a avoué: «J'ai mal dormi hier.» ....
....

2. Le marchand assure: «Le poulet sera bien tendre.» ....
....

3. Elle jure: «J'ai payé la note (*bill*) d'électricité la semaine dernière.» ....
....

4. Le directeur lui demande: «Ne téléphonez pas si souvent.» ....
....

5. Vous suggérez: «Allons au cinéma ce soir.» ....
....

II. Le discours indirect. Répétez les phrases suivantes à la forme indirecte. Commencez par (1) **Elle demande...** (2) **Il a demandé...** Attention au mot interrogatif: **si, que, ce qui,** etc.

MODÈLE: Vous venez.

*Elle demande **si** vous venez.*

*Il a demandé **si** vous veniez.*

1. Que faites-vous? ....

....

....

2. Qu'est-ce qui se passe? ....

....

....

3. Avez-vous de la monnaie? ....

....

....

4. Ils ont vraiment eu peur? ....

....

....

5. Qui viendra à votre soirée? ....

....

....

6. Quelle heure est-il? ....

....

....

7. Comment allez-vous? ....

....

....

8. Qu'est-ce que vous dites? ....

....

....

III. Si + futur. Vous êtes interviewé par un vétérinaire pour travailler avec des animaux malades. Le vétérinaire vous pose des questions. Suivez le modèle.

MODÈLE: Voulez-vous assister à des opérations?

Le vétérinaire me demande si je voudrai assister à des opérations.

1. Pouvez-vous travailler 40 heures par semaine? ....

....

2. Supportez-vous l'odeur des désinfectants? ....

....

3. Etes-vous sensible à la douleur des animaux? ....

....

4. Vous sentez-vous mal quand vous voyez un animal blessé? ....

....

5. Avez-vous peur d'être mordu ou griffé (*scratched*)? ....

IV. Trouvez votre chemin.   Regardez le plan de Paris aux pages 118–119 et expliquez à un ami comment il peut trouver son chemin à Paris. Utilisez les mots de la liste suivante.

MODÈLE: Je veux aller du Jardin des Plantes à la Gare Montparnasse.

Pour aller du Jardin des Plantes à la Gare Montparnasse, tu suis le boulevard St.-Germain, tu tournes dans la rue de Vaugirard, tu arrives dans la rue de Rennes, tu tournes à gauche et tu suis la rue de Rennes jusqu'à la gare Montparnasse.

à côté de	aller tout droit
sur le boulevard	tourner ou prendre à gauche
dans l'avenue	tourner ou prendre à droite
sur la place	se trouver au coin de la rue
dans la rue	se trouver au milieu du pâté (*block*) de maisons
arriver à	traverser une place, une rue
aller jusqu'à	en face de
suivre une rue jusqu'à	

1. Je veux aller de la Gare St.-Lazare au Panthéon.

....

....

....

....

....

....

....

....

2. Je veux aller de la Place des Vosges à l'Hôtel des Invalides.

....

....

....

....

....

....

....

....

3. Je veux aller de l'Arc de Triomphe à la Tour Montparnasse.

    ....

    ....

    ....

    ....

    ....

    ....

    ....

    ....

4. Je veux aller de la Sorbonne au Palais de Chaillot.

    ....

    ....

    ....

    ....

    ....

    ....

    ....

    ....

V. Vocabulaire.   Dans les phrases suivantes, mettez le mot qui convient dans l'espace vide. Choisissez un mot de cette liste.

à cause de	indications	crier après
la pancarte	cru	en vitesse
mûr	le potager	rigolo
la route en terre	la station-service	tout droit
les travaux	un embouteillage	avancer
le goût	le rôti	tarder

1. M. Bongrain .... son fils parce qu'il jouait sur la

    pelouse.

2. Vous aimez mes tomates? Je les ai fait pousser dans mon ....

3. Ton rôti est brûlé! Ah! Ah! —Ne ris pas, ce n'est pas ....

4. Nous avons pris de l'essence à une ....

5. Pour aller à ce lac, il faut quitter la route principale et prendre une ....

    ....

6. Les voitures ne peuvent pas aller vite et doivent faire attention quand il y a des

    ....

7. Sur une grande .... nous avons lu: «Détour.»

8. Pour aller à ma maison de campagne, vous tournez à droite, puis à gauche, ensuite c'est

    ....

9. Nous n'allons pas .... à rentrer parce qu'il va bientôt faire nuit.

10. Vous vous êtes perdus! —Oui, nous n'avons pas suivis vos ....

Visitons Paris! (*Let's visit Paris!*)

VI. Une maison de campagne. Décrivez la scène. Imaginez les conversations des personnes — ou leurs pensées. Utilisez les mots ci-dessous et le vocabulaire des chapitres 17 et 18.

le propriétaire · le jardinage · le potager · les tomates mûres · le panier · le goût · il paraît que ·
les oignons · jouer à la pétanque · crier après · l'allée · sage · les carottes · le linge · sécher · coudre ·
la soupe en boîte ou la soupe en sachets · les boissons non alcoolisées · être pour ou contre · salir ·
Que pensez-vous de? · les laitues · à mon avis (*opinion*) · préférer · les haricots (*green beans*) · la lessive ·
les loisirs

....

....

....

....

....

....

....

....

....

....

....

Nom: ....

Date: ....

Première partie: exercices oraux

Faites ces exercices au laboratoire, sans cahier. Ecoutez le speaker, répondez aux questions, faites les transformations et les traductions.

Deuxième partie: exercices oraux / écrits

Faites le travail de cette partie au laboratoire, avec votre cahier.

I. Prononciation.

1. L'orthographe **en.**

   a. L'orthographe **en** représente généralement le son / ã /.

      entier   enfant   entamer

   b. **en** représente le son / ɛ̃ / dans des mots d'origine savante ou étrangère.

      appendice   référendum
      benzine   Rubens
      benjamin   Stendhal
      pentagone   Saint-Ouen

   c. La terminaison **-en** se prononce / ɛn / dans les mots suivants.

      amen   pollen
      hymen   lichen
      abdomen

2. La terminaison **-ing** se prononce / ŋ /. Le **i** est plus net qu'en anglais.

   camping   smoking   (*tuxedo*)
   parking   footing   (*jogging*)

   Exception: le mot **shampooing** = / ʃɑ̃pwɛ̃ /

3. La lettre **w.**   **W** se prononce / v / dans les mots suivants.

   wolfram   interviewer
   Wisigoth   Wagner
   Walkyrie   W. C. (double vécé)
   wagon

   Dans les mots d'origine étrangère on a le choix.

   water-closet / vatɛr / ou / wɑtɛr /

mais on dit:

Waterloo / wɑtɛrlo /
Watt / wat /
week-end / wikɛ̃d /
western / wɛstɛʀn /

4. La lettre **y.**

a. Après une consonne **y** représente le son / i /.

stylo   physique

b. Le **y** initial représente le son / j /.

yaourt   yoga   yacht / jɔt /

c. Entre deux voyelles **y** représente le son / j /. C'est l'équivalent de deux **i.** Un **i** se prononce avec la voyelle qui précède, le deuxième **i** est / j /.

crayon = crai-ion / kʀɛjõ /
voyage = voi-iage / vwajaʒ /

balayons   moyen
voyons   ennuyeux
soyeux

Exceptions:

mayonnaise / majɔnɛz /   coyote / kɔjɔt /
Bayonne / bajɔn /   bruyère / bʀyjɛʀ
Bayard / bajaʀ /   Gruyère / gʀyjɛʀ / (*Swiss cheese*)
cobaye / kɔbaj / (*guinea pig*)

Attention: **abbaye** se prononce / **abei** /.

5. Mots difficiles.

chandail   miauler
noyade   accueillez-le
repriser   regain
Chandeleur   pièce percée

II. **Dictée de sons.**   Le speaker prononce un mot. Vous choisissez et vous encerclez (*circle*) le mot que vous entendez. Le speaker vous donne la reponse.

	(1)	(2)	(3)
1.	amène	amant	amen
2.	abbaye	à bail	abeille
3.	souillons	soyons	soyeux
4.	Béjard	Bayard	billard
5.	nouille	noué	noyé

III. **Dictée.**   Le speaker lit la dictée deux fois. La première fois vous écoutez. La deuxième fois, écrivez!

....

....

....

....
....
....
....
....
....
....
....
....
....
....

Troisième partie: exercices écrits

I. Adjectifs démonstratifs. Mettez l'adjectif démonstratif (**ce, cette, ces**) devant les noms suivants.

MODÈLE: *cette* femme

1. .... machine
2. .... dieu
3. .... histoires
4. .... présage
5. .... maladresse
6. .... chance
7. .... fil
8. .... pièce
9. .... accueil
10. .... pierres

II. Pronoms démonstratifs. Remplacez chaque nom par un pronom démonstratif (**celui-ci, celle-là,** etc.).

MODÈLE: la femme *celle-ci ou celle-là?*

1. le maléfice ....
2. la fête ....
3. la nuance ....
4. les affaires ....
5. les billets ....
6. l'élément de cuisine ....
7. les croisements ....
8. le propriétaire ....

9. la noyade ....

10. les chèques ....

III. Ce, cela, il est, elle est. Mettez la forme qui convient: **ce, cela, il** ou **elle.**

1. J'aime aller au théâtre; .... me détend.

2. .... est tard. Il faut rentrer.

3. Schweitzer était vraiment docteur; oui, ... était un grand docteur.

4. Mme Dupont-Dupont est professeur; .... est professeur d'histoire.

5. .... est complètement idiot, cette explication.

6. Vous avez raison; .... est évident.

7. .... sont des amis d'enfance.

8. .... est amusant de jouer aux cartes.

9. .... suffit.

10. .... est temps de partir.

11. .... vous dérange?

12. Cette malle est lourde. .... est pleine de livres.

IV. Une valise bien pleine. Barbara va passer un an en France. Son amie Marie-Line lui donne des conseils sur ce qu'elle doit emporter. Utilisez des pronoms démonstratifs.

> Modèle: *Barbara:* Crois-tu qu'il faut que j'emporte cette ___robe-ci___ ou ___celle-là?___
> *Marie-Line: Plutôt* ___celle-là.___

Barbara: Ce jean a un trou.

Marie-Line: Oui, prends plutôt .... ; .... qui a l'air plus

neuf.

Barbara: Ai-je besoin de ce pull-là ou de .... ?

Marie-Line: Emporte .... qui sont chauds. Il fait froid en France en hiver.

Barbara: Et ces jupes. Les porterai-je?

Marie-Line: Tu ne porteras ni .... , ni .... Tu porteras

surtout des pantalons. .... sont plus confortables.

Barbara: Et comme manteau? .... ou .... ?

Marie-Line: .... qui est imperméable; il pleut en France.

Barbara: Les chaussures, maintenant. .... que j'ai sont en bien mauvais état.

.... , peut-être? Qu'en penses-tu?

Marie-Line: .... qu'on trouve en France sont élégantes et meilleur marché.

Tu achèteras .... dont tu auras besoin.

Barbara: Et les accessoires? Sacs, écharpes, ceintures?

Marie-Line: Prends .... sac .... et .... , ...
écharpe .... et .... , ... ceinture .... et
....

Barbara: Regarde! Ma valise est pleine de tout .... que tu m'as dit d'emporter.

V. Vocabulaire. Dans les phrases suivantes, mettez le mot qui convient dans l'espace vide. Choisissez un mot de cette liste.

un maléfice	la malchance	atterrir
un porte-bonheur	un trou	il faut fêter
miauler	accueillir	inoffensif
valable	un bon présage	tomber
la poêle	il faut sauter	manger
un malheur	le poêle	croiser

1. Un fer à cheval est un ....

2. Une noyade est un ....

3. Cette personne a beaucoup de .... : elle a eu des ennuis d'argent, un accident, elle est en mauvaise santé...

4. Un chat qui a faim .... pour réclamer sa nourriture.

5. .... la Chandeleur pour avoir de la chance.

6. L'avion .... sur le terrain.

7. J'ai fait .... à mon pantalon.

8. On fait sauter les crêpes dans ....

9. La pétanque est un passe-temps .... On ne fait mal à personne.

10. Si on croise un chat noit, ce n'est pas ....

20

Première partie: exercices oraux

Faites ces exercices au laboratoire, sans cahier. Ecoutez le speaker, répondez aux questions, faites les transformations et les traductions.

Deuxième partie: exercices oraux / écrits

Faites le travail de cette partie au laboratoire, avec votre cahier.

I. Prononciation.

1. Succession de **e** muets. Quand on a plusieurs **e** muets qui se suivent, on ne les prononce pas tous. Généralement, le premier reste, le deuxième tombe, le troisième reste, etc.

   Je n∉ me l∉ demande pas.   Je n∉ te l∉ donne pas.
   Je n∉ me l∉ refais pas.   Il ne s∉ regarde pas.
   Je n∉ me l∉ répète pas.   Il ne s∉ sera pas assis.

2. Prononciation des nombres. Voici la prononciation des nombres de 1 à 10.

	nom qui commence par une voyelle ou **h** *muet*	*nom qui commence par une consonne ou* **h** *muet*	*nombre en finale*
a.	/ œ̃n / un éléphant un homme	/ œ̃ / un chien	/ œ̃ / j'en ai un
b.	/ døz / deux éléphants deux hommes	/ dø / deux chiens deux haricots	/ dø / j'en ai deux
c.	/ tʀvɑz / trois éléphants trois hommes	/ tʀwɑ / trois chiens	/ tʀwɑ / j'en ai trois trois haricots
d.	/ katʀ / quatre éléphants quatre hommes	/ katʀə / quatre chiens quatre haricots	/ katʀ / j'en ai quatre
e.	/ sɛ̃k / cinq éléphants cinq hommes	/ sɛ̃ / cinq chiens cinq haricots	/ sɛ̃k / j'en ai cinq

f.	/ siz /	/ si /	/ sis /

six éléphants six chiens j'en ai six
six hommes six haricots

g.	/sɛt /	/sɛt /	/ sɛt /

sept éléphants sept chiens j'en ai sept
sept hommes sept haricots

h.	/ yit /	/ yi /	/ yit /

huit éléphants huit chiens j'en ai huit
huit hommes huit haricots

i.	/ nœf /	/ nœf /	/ nœf /

neuf éléphants neuf chiens j'en ai neuf
neuf hommes neuf haricots

j.	/ diz /	/ di /	/ dis /

dix éléphants dix chiens j'en ai dix
dix hommes dix haricots

3. Mots difficiles.

Daninos   meilleur   mieux   flou   fléau
prudemment   patiemment   erreur   clignotant

II. Dictée de sons. Le speaker prononce un mot. Vous choisissez et vous encerclez (*circle*) le mot que vous entendez. Le speaker vous donne la réponse.

	(1)	(2)	(3)
1.	dix (hiboux)	(il en veut) dix	dix (enfants)
2.	neuf (heures)	neuf (ans)	neuf (enfants)
3.	huit (amis)	huit (dollars)	(il y en a) huit
4.	six (pommes)	(j'en ai) six	six (amis)
5.	cent	saint	cinq (août)

III. Poème. Le speaker lit le poème. Ecoutez le poème, lu en entier, puis répétez après chaque pause.

La Grenouille qui veut se faire aussi grosse que le bœuf

Une grenouille vit un bœuf.
Qui lui sembla de belle taille.
Elle, qui n'était pas grosse en tout comme un œuf,
Envieuse, s'étend, et s'enfle et se travaille,
    Pour égaler l'animal en grosseur,
        Disant: «Regardez bien, ma sœur;
Est-ce assez? dites-moi; n'y suis-je point encore?
—Nenni. —M'y voici donc? —Point du tout. —M'y voilà?
—Vous n'en approchez point.» La chétive pécore
    S'enfla si bien qu'elle creva.

La Fontaine

la grenouille frog   **le bœuf** ox   **de belle taille** of a good size   **un œuf** egg
s'étendre to stretch out   **s'enfle** inflate herself   **la grosseur** fatness, size
nenni not at all (*old French*)   **la chétive pécore** the despicable and stupid animal
crever to puncture, explode

Troisième partie: exercices écrits

I. Le comparatif. Faites des phrases de comparaison avec le vocabulaire suggéré.

1. Un voyage par avion / être fatigant / un voyage par bateau. (plus) ....
....
....

2. Les jupes cette année / être long / l'année dernière. (plus) ....
....
....

3. L'est du pays / être sec / l'ouest. (moins) ....
....
....

4. Janine / conduire prudemment / sa sœur. (moins) ....
....
....

5. Il y a de la végétation / en Californie / en Oregon. (moins) ....
....
....

6. Ton frère / réussir / toi. (aussi bien) ....
....
....

7. Ce médicament ne me fait pas / de bien / l'autre. (autant) ....
....
....

8. Tu es / heureuse dans ta petite maison / moi dans mon grand appartement. (aussi) ....
....
....

II. Meilleur / mieux. Mettez **meilleur** ou **mieux** dans les phrases suivantes.

1. Le pain de cette boulangerie est... .
2. J'ai été malade. Maintenant je vais ....
3. Les ouvriers américains sont .... payés que les ouvriers européens.
4. Le poisson est .... quand il est frais.
5. Moi, j'aime .... les légumes congelés.
6. Vos notes sont .... ce semestre.
7. Nous parlons .... que nos camarades.
8. Vous allez .... ? Je crois que vous avez .... mine.

III. Plus petit / moindre / plus mauvais / pire. Mettez les comparatifs **plus petit, moindre, plus mauvais, pire** dans les phrases suivantes.

1. Je mesure 1 m. 50. Vous mesurez 1 m. 48. Vous êtes .... que moi.

2. Au .... rhume, la maman s'inquiète.

3. La pollution est .... dans les villes industrielles.

4. Ce beurre cher est .... que l'autre, qui est bon marché.

5. Les programmes de télé deviennent .... en été.

IV. Le superlatif. Faites des phrases au superlatif avec le vocabulaire suggéré.

MODÈLE: Le Manitoba / la province / vaste / le continent.
*Le Manitoba est la province **la plus vaste** du continent.*

1. La Rolls / la voiture / cher / le monde. ....
   ....

2. Miss Wisconsin / a été élue / la fille belle / les Etats-Unis. ....
   ....

3. Vous avez acheté / le bifteck / dur / le marché. ....
   ....

4. Ces exercices sont / difficiles / le livre. ....
   ....

5. C'est Pierre qui travaille / bien. ....
   ....

6. Ils ont eu / les ennuis / mauvais / leur vie. ....
   ....

V. Traduction.

1. Let's take a trip to Europe. Do you prefer to travel by boat rather than take the plane?
   ....
   ....

2. I prefer to take the plane. On a boat, I am seasick and I cannot eat.
   ....
   ....

3. But you are as sick on the plane as on the boat.
   ....
   ....

4. True, but the trip does not last as long; I do not suffer as much as (I do) on the boat.
   ....
   ....

5. Well, let's take the plane then.

   ....

   ....

6. What countries would you rather visit, this time? We have already visited northern countries.
   I prefer to see countries different from the last time.

   ....

   ....

   ....

7. Well, I have heard (**il paraît**) Swiss hotels are the most expensive in Europe, but they are more
   comfortable than all the others.

   ....

   ....

   ....

8. Right, but English breakfasts are the largest (**copieux**) of all.

   ....

9. The breakfasts are large, but the other meals are the worst in all Europe.

   ....

10. French food is the best.

    ....

11. Yes, and the French cheeses are more famous than the German.

    ....

12. True, but German beer is better than French beer.

    ....

13. What about (**Et**) Italy? There are more interesting restaurants than in the other countries.

    ....

    ....

14. And also their spaghetti (*pluriel en français*) is the most famous in the world.

    ....

15. In Greece the pastries are sweeter (**sucré**) than elsewhere (**ailleurs**).

    ....

16. In Spain, the sangria . . .

    ....

17. The more we speak about traveling, the hungrier I get.

    ....

18. I know an excellent international restaurant. Le's go there and forget about our trip. In the end,
    it will be more economical and more satisfying.

    ....

    ....

VI. Vocabulaire. Dans les phrases suivantes, mettez le mot qui convient dans l'espace vide. Choisissez un mot de cette liste.

la vitesse	tranquille	menacer
les piétons	le fléau	une conductrice
le clignotant	se confier	terrorisé
le volant	la puissance	blasé
l'allumage	patiemment	le feu rouge
l'allure	prudemment	se méfier

1. Quand on conduit une voiture, on tient .... dans ses mains.

2. Il faut .... à ses amis quand on a des ennuis.

3. Les conducteurs de grosses voitures puissantes sont ....

4. Le .... vous indique qu'il faut vous arrêter à un croisement.

5. Au croisement, il faut laisser .... passer entre les clous.

6. Vous sentez-vous .... quand votre jeune sœur conduit votre voiture?

7. Aux Etats-Unis, la limite de .... est de 65 miles à l'heure.

8. Sur les routes de montagne, il est recommandé de conduire ....

9. Il a eu un accident. Il avait oublié de mettre son .... pour indiquer qu'il allait tourner.

10. Une personne qui a bu et qui conduit est un véritable ....

VII. Un croisement dangereux.
Décrivez la scène. Imaginez les conversations des personnes — ou leurs pensées. Utilisez les mots ci-dessous et le vocabulaire des chapitres 19 et 20.

le croisement · le feu rouge · le clignotant · la lenteur · la vitesse · le conducteur · la conductrice · se méfier · tranquille · prudemment · traverser · couper le chemin · conduire · la loterie · le billet · tout de suite · manquer de · plus...que · tant...que · la moto · menacer · furieux

....
....
....
....
....
....
....
....
....
....
....
....
....

Nom: ....

Date: ....

Première partie: exercices oraux

Faites ces exercices au laboratoire, sans cahier. Ecoutez le speaker, répondez aux questions, faites les transformations et les traductions.

Deuxième partie: exercices oraux / écrits

Faites le travail de cette partie au laboratoire, avec votre cahier.

I.   Prononciation.

1.   Les géminées.

a.   Une double lettre se prononce comme une seule. Quelquefois une double lettre se prononce en géminée (double prononciation) par exagération, dans la langue populaire.

Contrastez:

m	*m m*
immense	immense

l	*l l*
illustre	illustre
illégal	illégal

b.   La chute d'un **e** muet qui entraîne la rencontre de deux consonnes est la cause d'une géminée.

je m∅ méfie   pas d∅ danger
bonn∅ nuit   je n∅ nage pas
dans c∅ sac

c.   Contrastez:

simple	*géminée*
un∅ oie	un∅ noix
la dent	là-d∅dans
ça c'est	ça s∅ sait
pas déjeuné	pas d∅ déjeuner
tu mens	tu m∅ mens

2. La terminaison **-tie, -tions.**

   a. L'orthographe **ti** se prononce généralement / ti /.

     On prononce la terminaison **-tie** / si / dans les mots suivants:

démocratie	inertie
autocratie	balbutie *(stutters)*
ploutocratie	

Attention:

sortie   partie

   b. La terminaison **-tial** se prononce / sjal / dans le mot **initial** mais / tjal / dans le mot **bestial.**

   c. La terminaison **-tions** se prononce / sjõ / dans les noms et / tjõ / dans les verbes.

     Contrastez:

/ sjõ /	/ tjõ /
des portions	nous portions
des inventions	nous inventions

   d. La terminaison **-tier** se prononce / sje / dans le verbe **initier** et / tje / dans le nom **métier.**

3. Mots difficiles.

confrère	vélo Solex
l'intermédiare	kinésithérapeute
heurtée	traumatisme crânien
passage clouté	bourrelet de chair
un million de dommages-intérêts	excroissance

II. Dictée de sons. Le speaker prononce un mot. Vous choisissez et vous encerclez *(circle)* le mot que vous entendez. Le speaker vous donne la réponse.

	(1)	(2)	(3)
1.	poème	pomme	paume
2.	une oie	une noix	un noir
3.	les eaux	les zones	les Hauts
4.	thon	tout	temps
5.	traie	tiraille	treille

III. Dictée. Le speaker lit le texte deux fois. La première fois, vous écoutez. La deuxième fois, écrivez!

....

....

....

....

....

....

....

....

....

....

....

....

....

....

Troisième partie: exercices écrits

I. Formes du verbe passif. Mettez les verbes suivants à la forme passive au temps correspondant.

1. il faisait ....

2. elle interdit ....

3. nous vaincrons ....

4. vous élirez ....

5. tu as convoqué ....

6. ils récompensent ....

II. Le complément d'agent. Mettez les phrases suivantes à la forme passive.

1. Le meilleur cuisinier de France a préparé ce repas. ....
....

2. Le Parlement adoptera cette loi. ....
....

3. Un de ses amis a écrit sa dissertation. ....
....

4. Tous les soirs le directeur fermait le magasin. ....
....

III. Par / de. Mettez la préposition qui convient le mieux dans les phrases suivantes.

1. La ville est habitée .... toutes sortes de gens.

2. La jeune mariée était couverte .... bijoux.

3. Ma voiture a été complètement démolie .... un accident.

4. Ce vieux monsieur est couvert .... décorations.

5. Je suis débordé .... travail.

6. Son chien a été écrasé .... une motocyclette.

7. Il est accablé .... tristesse.

IV. Un accident. Ecrivez l'histoire d'un accident avec le vocabulaire suggéré et beaucoup de verbes passifs.

Hier un accident / se produire

....

une petite voiture / heurter / un gros camion

....

la voiture / démolir

....

trois personnes / blesser (*to injure*) gravement

....

appeler / une ambulance

....

les blessés / transporter / à l'hôpital

....

examiner / un docteur

....

le chauffeur du camion / interroger / la police

....

il / être désolé / être ivre / arrêter

....

le permis de conduire / retirer

....

mettre en prison (*négatif*)

....

l'assurance (*insurance*) prévenir

....

les frais (*expenses*) d'hôpital / payer / la compagnie

....

V. **Vocabulaire.** Dans les phrases suivantes, mettez le mot qui convient dans l'espace vide. Choisissez un mot de cette liste.

blesser	le confrère	un kiné
déposer plainte	le collègue	handicappé
au cas où	la plaisanterie	les dommages-intérêts
opéré	invoquer	par l'intermédiaire de
heurter	les frais	poursuivre en justice
un vélo-Solex	une indemnisation	la prime

1. Une voiture .... Véronique quand elle traversait la rue.

2. L'avocat a écrit à son .... pour lui expliquer l'affaire.

3. Souvent les jeunes Français préfèrent un .... à une moto ou une bicyclette.

4. Elle a reçu des .... après son accident.

5. Qui va payer les .... du procès?

6. Après le vol, nous .... à la police.

7. Cette histoire nous a bien fait rire. C'est une ....

8. Depuis qu'il a été renversé par une voiture, Richard ne peut plus marcher: il est
   ....

9. Il va chez un .... pour recevoir un traitement de mécanothérapie.

10. Il a été examiné par un médecin .... il aurait un traumatisme
    cranien.

Première partie: exercices oraux

Faites ces exercices au laboratoire, sans cahier. Ecoutez le speaker, répondez aux questions, faites les transformations et les traductions.

Deuxième partie: exercices oraux / écrits

Faites le travail de cette partie au laboratoire, avec votre cahier.

I. Prononciation. Versification. A part les vers libres qui ont un nombre illimité de syllabes, la poésie française consiste à composer des vers qui on un nombre fixe de syllabes.

On a des vers de six syllabes *(hexamètres)*, de huit syllabes *(octosyllabes)*, de dix syllabes *(décasyllabes)*. Le vers le plus courant a douze syllabes *(l'alexandrin)*. Victor Hugo a écrit des vers de deux syllabes.

1. Les syllabes. Pour compter les syllabes, on part du principe de la syllabation: mais le **e** muet compte toujours pour une syllabe, sauf quand un **e** muet est devant un mot qui commence par une voyelle, ou quand un **e** muet est à la fin du vers.

Une atmosphère obscure enveloppe la ville.

Le **e** de **une,** le **e** final d'**atmosphère** et le **e** final d'**obscure** ne comptent pas devant une voyelle. Mais le **e** intérieur et le e final de **enveloppe** comptent (ils ne comptent pas en conversation). Comparez:

Conversation:

U|n∅ at|mos|phèr|∅ ob|scu|r∅ en|v∅lo|pp∅ la|vill∅. (10 syllabes)
 1   2   3   4   5   6   7   8   9   10

Poésie:

U|n∅ at|mos|phèr|∅ ob|scu|r∅ en|ve|lo|ppe|la|vill∅. (12 syllabes)
 1   2   3   4   5   6   7   8   9 10 11 12

Pour avoir le nombre exact de syllabes, on peut grouper ou diviser certaines syllabes: c'est la *diérèse.*

-ia: on peut dire dia | mant ou di | a | mant

Dans les vers de cinq syllabes de cette strophe, le quatrième vers — **si mystérieux** — doit être compté ainsi:

si | mys | té | ri | eux
1   2   3   4   5

les soleils mouillés
de ces ciels brouillés
pour mon esprit ont les charmes
si mystérieux
de tes traîtres yeux
brillant à travers leurs larmes

2. Les pauses. Dans l'alexandrin classique, il y a généralement une pause après la sixième syllabe. C'est la *césure*. Chaque groupe de six syllabes s'appelle un *hémistiche*. Une pause est indiquée par une virgule ou par le sens. A l'intérieur de chaque hémistiche, on a les *accents*. L'accent le plus important est sur la syllabe avant la pause. On accentue les noms, les verbes (les mots importants).

   Chaque groupe de six syllabes se divise en 3 - 3, 4 - 2, 2 - 4, etc. C'est rythme des accents qui crée l'effet poétique.

   Tes yeux sont si profonds que j'y perds la mémoire.

Voici les syllabes:

   tes | yeux | sont | si | pro | fonds = 6

Accents sur **yeux** *et* **-fonds:** rythme 2 - 4.

   que | j'y | perds | la | mé | moire = 6

Accents sur **perds** *et* **-moire:** rythme 3 - 3.

3. L'enjambement. Quand il n'y a pas de pause à la fin du vers, parce que la phrase grammaticale n'est pas terminée, on a un enjambement ou un rejet.

   Mê | me il | m'est | a | rri | vé | quel | que | fois | de | man | ger |
                            Le | Ber | ger.

4. La liaison. On fait toutes les liaisons en poésie, les liaisons obligatoires et les liaisons facultatives.

5. La rime. La rime est essentielle en poésie. On a les rimes masculines, celles où la dernière syllabe est prononcée: **rai | son, trahi | son; cœur, douleur;** et les rimes féminines, quand la voyelle qui rime est suivie d'un **e** muet ou d'une consonne + un **e** muet: **allée, envolée; lour | de, sour | de.**

   Il y a des rimes riches (à trois ou quatre éléments identiques): **alarme, larme;** et des rimes pauvres (à un ou deux éléments identiques): **aimer, rocher.**

Les rimes peuvent   se succéder: *aa - bb*
                       se croiser: *ab - ab*
                       s'embrasser: *a -bb- a*

EXERCICE.   Scandez les vers suivants: marquez les syllabes, les pauses, les accents, les liaisons. Indiquez de quel type de vers il s'agit.

   J'attendais le moment où j'allais expirer.

   Me nourrissant de fiel, de larmes abreuvée,

   Encor, dans mon malheur de trop près observée,

Je n'osais dans mes pleurs me noyer à loisir,

Je goûtais en tremblant ce funeste plaisir;

Et, sous un front serein déguisant mes alarmes,

Il fallait bien souvent me priver de mes larmes.

de <i>Phèdre</i>
Racine

II. Poème. Le speaker lit le poème. Ecoutez le poème, lu en entier, puis répétez après chaque pause.

Le Dormeur du val

C'est un trou de verdure où chante une rivière
Accrochant follement aux herbes des haillons
D'argent; où le soleil, de la montagne fière,
Luit: c'est un petit val qui mousse de rayons.

Un soldat jeune, bouche ouverte, tête nue,
Et la nuque baignant dans le frais cresson bleu,
Dort; il est étendu dans l'herbe, sous la nue,
Pâle dans son lit vert où la lumière pleut.

Les pieds dans les glaïeuls, il dort. Souriant comme
Sourirait un enfant malade, il fait un somme:
Nature, berce-le chaudement: il a froid.

Les parfums ne font pas frissonner sa narine;
Il dort dans le soleil, la main sur sa poitrine,
Tranquille. Il a deux trous rouges au côté droit.

Arthur Rimbaud

un trou hole   **accrocher** to hang   **des haillons** rags   **luire** to shine   **le val** valley
mousser to bubble   **la nuque** nape of the neck   **baigner** to dip   **le cresson** watercress
sous la nue *poetic for* under the sky   **les glaïeuls** gladiolas   **un somme** nap   **bercer** to rock
frissonner to shiver   **la narine** nostrils   **la poitrine** chest

Troisième partie: exercices écrits

I. Formes. Donnez le participe présent, le participe passé, le participe parfait, le participe passif (présent et passé) et le gérondif des verbes indiqués.

MODÈLE: chanter **chantant, chanté, ayant chanté, étant chanté, ayant été chanté, en chantant**

1. changer ....
   ....

2. choisir ....
   ....

3. prendre ....
   ....

4. ouvrir ....

    ....

5. mettre ....

    ....

6. entendre ....

    ....

7. lire ....

    ....

II. Participe ou gérondif?   Transformez les phrases entre parenthèses en mettant un participe ou un gérondif.

> MODÈLE: (Comme il mangeait sa soupe) il rêvait à un bifteck.
> ***En mangeant sa soupe,** il rêvait à un bifteck.*

1. (Comme il n'avait plus d'argent), il a fait un emprunt à la banque. ....

    ....

2. (Quand il a eu terminé sa composition), il l'a relue. ....

    ....

3. (Pendant que nous marchions), nous avons eu une grande conversation. ....

    ....

4. (Aussitôt que mes examens seront terminés), je partirai en vacances. ....

    ....

5. (Il a regardé tout le monde d'un air furieux et) il est sorti. ....

    ....

6. (Il lisait son journal), il prenait son petit déjeuner. ....

    ....

7. Est-ce que tu écoutes la radio (pendant que tu conduis)? ....

    ....

8. Vous ne devez pas traverser la rue (et penser à autre chose). ....

    ....

III. Participe, gérondif, ou infinitif?   Mettez le verbe entre parenthèses à la forme qui convient: infinitif, gérondif, participe présent, adjectif verbal, etc.

Adieu Rôti

Je ne puis me rappeler sans (rire) .... qu'un soir, (comme j'étais condamné)
.... pour quelque espièglerie[1] à aller me coucher sans (souper)
.... , et (comme je passais) .... par la cuisine avec mon triste morceau de
pain, je vis et flairai[2] le rôti (qui tournait) .... à la broche. On était autour du

---

[1] **espièglerie** prank   [2] **flairer** to sniff

144

feu; il fallut (tandis que je passais) .... saluer tout le monde. Quand **la ronde** fut faite, (je lorgnais)[3] .... du coin de l'œil le rôti qui avait si bonne **mine et** qui sentait si bon, je ne pus m'abstenir de lui faire la révérence[4] et de lui dire d'un ton piteux «Adieu rôti!»

Cette naïveté parut si (plaire) .... qu'on me fit rester.

Les Confessions
Jean-Jacques **Rousseau**

IV. Vocabulaire. Dans les phrases suivantes, mettez le mot qui convient dans l'espace vide. Choisissez un mot de cette liste.

un agneau	un bélier	bondir
battre de la queue	banale	dresser l'oreille
gonfler les joues	costaud	la visière
la poitrine	un morceau	goûter
un air	s'incliner	saluer
nourrir	craintif	la casquette

1. L'..................................... est le petit de la brebis.

2. Quand mon chien est content, il ....

3. Le joueur de trompette ....

4. Je vais te jouer un .... sur ma clarinette.

5. Après le concert, le pianiste .... les spectateurs.

6. La petite fille .... le jeune animal qui n'a plus de mère.

7. Votre histoire est très intéressante; elle n'est pas ....

8. Le chat entend le bruit de l'ouvre-boîte et il ....

9. Dans les années 30, ... était à la mode pour les hommes.

10. Cette jeune femme est très .... ; elle n'aime pas sortir seule le soir.

[3] **lorgner** to glance at   [4] **faire la révérence** to curtsy

VI. Quelques moments au bistro. Décrivez la scène. Imaginez les conversations des personnes — ou leurs pensées. Utilisez les mots ci-dessous et le vocabulaire des chapitres 21 et 22.

les avocats · discuter · jouer un morceau · la trompette · s'installer commodément · un vélo-Solex · heurter · battre de la queue · la blessure · les dommages-intérêts · faillir · poursuivre en justice · la valse

....
....
....
....
....
....
....
....
....
....
....
....
....
....

23

Première partie: exercices oraux

Faites cet exercice au laboratoire, sans cahier. Ecoutez le speaker et faites la traduction.

Deuxième partie: exercices oraux / écrits

Faites le travail de cette partie au laboratoire, avec votre cahier.

I. Prononciation. Mettez en pratique tout ce que vous avez appris jusqu'à ce chapitre en lisant le texte suivant.

Un Mas silencieux

Pour aller au village, en descendant de mon moulin, on passe devant un mas bâti près de la route au fond d'une grande cour plantée de micocouliers. C'est la vraie maison du ménager de Provence, avec ses tuiles rouges, sa large façade brune irrégulièrement percée, puis tout en haut la girouette du grenier, la poulie pour hisser les meules, et quelques touffes de foin brun qui dépassent...

Pourquoi cette maison m'avait-elle frappé? Pourquoi ce portail fermé me serrait-il le cœur? Je n'aurais pas pu le dire, et pourtant ce logis me faisait froid. Il y avait trop de silence autour... quand on passait, les chiens n'aboyaient pas, les pintades s'enfuyaient sans crier... A l'intérieur, pas une voix...! Rien, pas même un grelot de mule... Sans les rideaux blancs des fenêtres et la fumée qui montait des toits, on aurait cru l'endroit inhabité.

de *L'Arlésienne*
Alphonse Daudet

le moulin windmill   **le mas** a farm in Provence   **le micocoulier** kind of tree
le ménager farmer   **les tuiles** tiles   **irrégulièrement percée** with windows at different levels
la girouette weather vane   **hisser** to hoist   **les meules** haystacks   **la touffe** tuft
serrer le cœur to wring the heart   **le logis** dwelling   **aboyer** to bark
les pintades (*f.*) guinea hens   **le grelot** bell

Troisième partie: exercices écrits

I. **Le temps.** Faites des phrases avec le vocabulaire suggéré et la conjonction entre parenthèses.

> MODÈLE: (avant que) Il faut profiter de la vie. Il est trop tard.
> *Il faut profiter de la vie **avant qu**'il soit trop tard.*

1. (jusqu'à ce que) Téléphone à ce bureau. Tu auras une réponse. ....
   ....

2. (comme) Prévert se promène rue de Siam. Il a rencontré Barbara. ....
   ....

3. (à mesure que) L'avion s'élève dans le ciel. Les maisons deviennent toutes petites. ....
   ....

4. (à peine . . . que) Nous rentrons à la maison. Un orage violent a éclaté. ....
   ....

5. (une fois que) Je termine ce travail. Je dirai: ouf! ....
   ....

II. Répétez la phrase suivante en changeant les temps des verbes selon le modèle.

> MODÈLE: Quand le chat **est parti,** les souris **dansent.**
> Quand le chat **sera parti,** les souris **danseront.**
> Quand le chat **était parti,** les souris **dansaient.**

Dès que les vacances (commencer), les enfants (s'ennuyer).

Verbe principal au présent:

1. ....

Verbe principal au futur:

2. ....

Verbe principal à l'imparfait:

3. ....

III. **La condition.** Dans les phrases suivantes mettez la conjonction de condition qui convient.

si	à moins que
au cas où	pourvu que
à condition que	

1. Le président sera élu .... il obtienne la majorité des votes.

2. .... vous aviez du talent, vous pourriez devenir célèbre.

3. Vous arriverez en Californie, ... un pirate de l'air ne détourne l'avion.

4. Les voyages dans la lune seront un jour populaires .... nous ayons de nouvelles fusées.

5. Emportez un bon imper pour vos vacances .... le mauvais temps vous empêcherait de sortir.

IV. La conséquence et le but. Dans les phrases suivantes mettez l'expression de conséquence ou de but qui convient.

de peur que   aussi
donc   pour
de sorte que   en vue de

1. Ils ont eu une panne de moteur, ... sont-ils arrivés en retard à notre réception.

2. Les salaires sont très insuffisants, ... les ouvriers vont se mettre en grève pour protester.

3. Personne ne veut aller faire les commissions; il faudra .... que ce soit moi qui y aille.

4. Elle ne dit jamais rien en public, ... son accent la rende ridicule.

5. Nous avons payé assez d'impôts .... avoir le droit de nous plaindre.

6. Le gouvernement a fait construire un pipe line .... faire venir du pétrole d'Alaska.

V. La cause et la conséquence. Dans les phrases suivantes, mettez l'expression de cause ou de conséquence qui convient.

à cause de   tant . . . que
si . . . que   tellement
à force de   parce que
pour   si bien que

1. Je ne peux respirer, ... j'ai couru.

2. Il est devenu ministre .... intrigues.

3. Il a été guillotiné .... avoir assassiné sa mère.

4. Elle a des mines .... affectées .... elle nous fait rire.

5. L'homme disparaîtra de la terre .... il ne pourra pas lutter contre les éléments.

6. Les insectes ont .... d'endurance .... ils pourraient bien dominer les autres espèces.

7. Ses parents l'ont poussé à travailler .... il a eu une dépression nerveuse.

8. Elle plaît à tout le monde .... sa bonne humeur.

VI. L'opposition. Dans les phrases suivantes, mettez l'expression d'opposition qui convient.

> si . . . que   où que
> quand même   quoique
> bien que   quel que soit

1. Elle achète n'importe quoi .... le prix.

2. .... je sois très fatiguée, je voudrais aller voir ce film.

3. .... tu ailles, je te suivrai.

4. Ce couple est très heureux, ... leurs enfants leur donnent du souci.

5. Je lui ai dit que je ne veux plus la voir, elle continue .... à me téléphoner.

6. .... sa richesse, ce millionnaire a bien des problèmes.

Answer Key

A. 1. la 2. l' 3. la 4. l' 5. le 6. l'

B. 1. une 2. un 3. des 4. des 5. un 6. une

C. 1. C'est une difficulté importante. 2. Voilà un bon professeur.
    3. Vous avez une robe élégante. 4. Ils ont des filles intelligentes.

D. 1. C'est mon livre. 2. Voilà votre autobus. 3. C'est son professeur.
    4. Sa mère est malade. 5. Ils ont leurs habitudes. 6. Nous avons notre livre.

E. 1. Ils sont intelligents. 2. Nous allons en ville. 3. Vous êtes fiancés?
    4. Je la regarde. 5. Je l'aime. 6. Je lui parle? 7. Tu leur écris.
    8. Elle se promène avec elle.

F. 1. qui 2. que 3. qui 4. que

G. 1. sommes / es / sont
    2. a / ai / avez
    3. vais / va / allez
    4. parles / parle / parlons / parlent

H. 1. Les étudiants ne sont pas dans la classe.

I. 1. C'est une leçon difficile? Est-ce que c'est une leçon difficile?

J. 1. impératif 2. subjonctif 3. pronom personnel 4. préposition 5. pronom
    interrogatif 6. adjectif possessif.